AF448682

CYBERBOOST

Tu Ruta Acelerada para Dominar y Brillar
en el Mundo de la Ciberseguridad

Primera edición: Febrero 2024

Ciberboost. Tu Ruta Acelerada para Dominar y Brillar
en el Mundo de la Ciberseguridad

ISBN: 978-9962-17-879-8

Diseño y Maquetación: Dulce María Rodríguez Flores

Imagenes: Freepik

© 2024

Derechos reservados

000110101   0010   00101 000
00 11011 000101 01001   0101
1 001 00101010   11010110000101
00001 0101011   0011   0110011
00 10 0100100 1000010   0100
10   10011   010   110   11010
1   101000 11010   001010   10011
010010   111010   00   11010
10100 1010001 10011   01010110 11
000110101   0010   00101 000
00 11011 000101 01001   0101
1 001 00101010   11010110000101
00001 0101011   0011   0110011
00 10 0100100 1000010   0100
10   10011   010   110   11010
1   101000 11010   001010   10011
010010   111010   00   11010
10100 1010001 10011   01010110 11

CONTENIDO
Contents

21 CAPÍTULO 1
La Esencia de la Ciberseguridad

31 CAPÍTULO 2
El valor de la formación adecuada en Ciberseguridad

10 11011 000101 01001   0101

   001 00101010   11010110000101

  00001 0101011   0011   0110011

10 10 0100100   1000110 0100

110   10011   010 110   11010

1   101000   11010   001010   100011

010010   110110   00   11010

110100 1010001 10011   01010100 10

   000110101   0110   00110100

00 11011 000101 01001   0101

1 001 00101010   11010110000101

   00001 0101011   0011   011001

00 10 0100100   1000110 0100

110   10011   010 110   11010

1   101000   11010   001010   100011

010010   110110   00   11010

010100 1010001 10011   01010100 1

Prólogo

Un mundo interconectado, un mosaico de información que fluye constantemente a través de innumerables canales, y en medio de todo esto, una lucha constante por la seguridad. La ciberseguridad ha dejado de ser un concepto técnico reservado para unos pocos para convertirse en una necesidad fundamental en la sociedad actual. Pero ¿Cómo nos preparamos para enfrentar este mundo?, ¿Cómo nos armamos con las herramientas adecuadas, no solo técnicas sino también humanas, para ser líderes en este campo?

"Cyberboost: Tu ruta acelerada para dominar y brillar en el mundo de la ciberseguridad" no es solo un manual técnico, es un viaje. Un viaje que te llevará más allá de códigos y contraseñas, explorando la esencia de lo que significa la ciberseguridad en la era moderna. En sus páginas, descubrirás que esta disciplina va más allá de las habilidades técnicas; es una combinación de entendimiento, empatía, comunicación y una pasión por crear un entorno digital seguro para todos.

A través de este libro, te invito a explorar los diferentes aspectos de la ciberseguridad. Desde los fundamentos técnicos hasta la importancia de mantener un bienestar digital, la construcción de una red de contactos y la búsqueda de un mentor. Esta obra está diseñada para ser tu guía, tu compañera en el emocionante viaje hacia el dominio de la ciberseguridad.

No escribí este libro para ofrecerte un camino fácil, sino para mostrarte un camino claro. A lo largo de mi carrera, me enfrenté a desafíos, cometí errores y aprendí lecciones valiosas. A través de "Cyberboost", espero compartir esas lecciones contigo, darte una ventaja y ayudarte a evitar los tropiezos que yo experimenté.

Por supuesto, encontrarás en estas páginas conceptos técnicos y recomendaciones prácticas, pero más que eso, encontrarás una filosofía, una mentalidad. La ciberseguridad no es solo una profesión, es un llamado, una responsabilidad que todos compartimos en este mundo digital.

Así que, ya sea que estés dando tus primeros pasos en la ciberseguridad o estés buscando ampliar y consolidar tus conocimientos, "Cyberboost" está aquí para acompañarte, iluminar tu camino y, con suerte, inspirarte a ser no solo un experto técnico sino un líder en el mundo de la ciberseguridad.

Te invito a sumergirte en este viaje, a descubrir, aprender y, sobre todo, a prepararte para enfrentar y brillar en el dinámico y desafiante mundo de la ciberseguridad.

Bienvenido a "Cyberboost".

0001100101   00110   00101 000
00 11011 000101 01001   0101
1 001 00101010110   1101011000001101
00001 01011011   0011   01100011
00 10 0100100 10000110 0100
110   10011   010 110   11010
1   101000 11010   001010   100011
010010   110110   00   11010
110100 10100001 10011 01010100 11

0001100101   00110   00101 000
00 11011 000101 01001   0101
1 001 00101010110   1101011000001101
00001 01011011   0011   01100011
00 10 0100100 10000110 0100
110   10011   010 110   11010
1   101000 11010   001010   100011
010010   110110   00   11010
110100 10100001 10011 01010100 11

Introducción

¿Sabías que cada vez que desbloqueas tu smartphone y posteas algo en una red social, abres tu refrigeradora o das un paso con tus zapatos deportivos, estás generando un perfil digital? Cada acción, cada dato, cada preferencia es una pieza en el rompecabezas digital que describe quién eres. Fascinante, pero también, un poco inquietante. En un mundo donde nuestra vida se traduce en bytes y bits, ¿quién asegura que esa información está a salvo?. ¿Alguna vez te has preguntado quién protege tu identidad digital y cómo? El escenario digital grita la necesidad de héroes modernos: los profesionales de ciberseguridad. No solo es acerca de proteger datos, sino de custodiar historias, pasiones y, en definitiva, nuestras vidas. Si alguna vez has sentido la curiosidad de ser parte de esa vanguardia, estás en el lugar correcto.

¿Listo para marcar la diferencia en un mundo digital en constante evolución? La ciberseguridad no es solo una carrera; es una misión. Aunque ser un experto en este campo requiere pasión, determinación y una mente curiosa, es el camino para aquellos que buscan dejar su huella en el mundo digital. Descubre en estos capítulos si estás preparado para enfrentar este desafío y sumergirte en una de las profesiones más demandadas y emocionantes de nuestro tiempo.

000110010 1   00110   00101 000
00 11011   000110 1   01001   0101
1 001   00101 0110   1101011000 0110 1
   00001 0101 1011   0011   0110 0011
00   10   010010 0   100001 10   0100
110   10011   010   110   11010
1   101000   11010   001010   10001 1
   010010   110110   00   11010
110100   1010000 1   10011   01010 1100 10
   000110010 1   00110   00101 000
00 11011   000110 1   01001   0101
1 001   00101 0110   1101011000 0110 1
   00001 0101 1011   0011   0110 0011
00   10   010010 0   100001 10   0100
110   10011   010   110   11010
1   101000   11010   001010   10001 1
   010010   110110   00   11010
110100   1010000 1   10011   01010 1100 10

¿Por qué escribí este libro?

Si queremos entender la esencia de este libro, necesitamos retroceder un poco en el tiempo, a uno de mis momentos más emblemáticos. Imagínate, 1999, y en el hogar resuena la emoción de encender nuestra primera computadora con Windows 3.1. Era algo más que una máquina; representaba un mundo lleno de posibilidades. Y como si fuera una película, poco después llegó el internet, marcando el ritmo con el inolvidable eco del Dial-Up.

Pero, hey, esto no es solo un viaje al pasado; es la puerta de entrada a un mundo donde la ciberseguridad se convierte en protagonista. Así que, ya sea que estés iniciando tu camino o quieras recargar tu pasión profesional, acompáñame.

Vamos a descubrir juntos este fascinante universo digital. Cuando internet hizo su aparición en mi vida, se desplegó ante mí un vasto mundo de posibilidades. Con él, descubrí a los hackers: personas con habilidades extraordinarias en el ámbito computacional, capaces de ejecutar hazañas digitales asombrosas. Fui absorbido por ese fascinante mundo de hacking, programación e ingeniería social, influenciado por aquellos que veían en la vulneración de sistemas una forma de entretenimiento. Pero, un día, mientras me miraba al espejo, una pregunta retumbó en mi mente: ¿Cuál es la diferencia entre un delincuente que roba en las calles y uno que lo hace en la red?, ¿Dónde quedaba la ética?. Fue en ese instante cuando tomé consciencia de la inmensa cantidad de personas y empresas afectadas por la ciberdelincuencia y el escaso número de defensores en este terreno. Ese fue el detonante de mi pasión por la ciberseguridad. Desde entonces, me dediqué a fortalecer mis habilidades en redes, programación, bases de datos, criptografía y Linux. A los 12 años, diseñé mi primer software en C++ para agilizar cálculos matemáticos.

Pero mi travesía no estuvo exenta de desafíos. En la universidad, mi confianza y orgullo me llevaron a enfrentarme a profesores y a sentirme superior. Sin embargo, al ingresar al mundo laboral, me encontré con profesionales con una vasta experiencia y una actitud humilde y colaborativa. Fue un cambio radical. La epifanía llegó con la llegada de una nueva Gerente de Soporte Técnico. Al decirme que nadie quería trabajar conmigo por mi actitud, comprendí que no eran mis habilidades técnicas las que frenaban mi avance, sino mi comportamiento. Gracias a su mentoría, refiné mis habilidades interpersonales y comencé a ofrecer charlas de ciberseguridad a diversos departamentos. Poco a poco, y tras cambios sutiles en mi actitud, ascendí en la organización, convirtiéndome en Especialista en Seguridad y eventualmente, en líder tecnológico y proveedor de servicios para la misma empresa.

A lo largo de mi trayectoria, comprendí que, además de las habilidades técnicas, es esencial desarrollar otras competencias como la comunicación, el trabajo en equipo y la humildad. Aprender a través de golpes y caídas no es el camino ideal, y por ello escribo este libro. Mi objetivo es que tú no tengas que tropezar con las mismas piedras. Al concluir esta lectura, tendrás una perspectiva más clara y enfocada para tu camino en el mundo de la ciberseguridad.

CAPÍTULO 1
La esencia de la ciberseguridad

000100101   0010   001101 000
00 11011   000101   01001   0101
1 001   00101010   11010110000101
00001   0101011   0011   0110001
00   10   0100100   1000110   0100
110   10011   010   110   11010
)   101000   11010   00010   10011
010010   110110   00   11010
110100   1010001   10011   01010100 11
000100101   0010   001101 000
00 11011   000101   01001   0101
1 001   00101010   11010110000101
00001   0101011   0011   0110001
00   10   0100100   1000110   0100
110   10011   010   110   11010
)   101000   11010   00010   10011
010010   110110   00   11010
110100   1010001   10011   01010100 11

Bienvenido al núcleo de lo que significa adentrarse en este apasionante universo de la ciberseguridad. ¿Estás listo para un viaje lleno de aprendizajes, reflexiones y desafíos?. Pues... ¡Allá vamos!

Más allá de los códigos y contraseñas

Cuando escuchas la palabra "ciberseguridad", tal vez tu mente se dirija automáticamente a imágenes de pantallas llenas de códigos, contraseñas secretas o incluso a esos hackers de películas, tecleando frenéticamente en un cuarto oscuro. Si bien estas imágenes tienen una pizca de verdad, la ciberseguridad es un vasto campo que abarca mucho más.

Cada día, generamos y compartimos toneladas de información, desde el inocente mensaje de buenos días en WhatsApp hasta operaciones bancarias y datos de salud, todo circula en la red. Y sí, tal como habíamos discutido en la introducción, todos estos datos, por más insignificantes que parezcan, tienen valor. Ahora imagina, si esta información cae en manos incorrectas, el caos que podría desencadenar. ¡Boom! Ahí está el verdadero peso de la ciberseguridad.

Entendiendo nuestro entorno digital

Latinoamérica, con su diversidad y riqueza cultural, también se ha sumado al ritmo vertiginoso del mundo digital. Según datos de la CEPAL, el acceso a internet en la región ha aumentado significativamente en la última década. Estamos más conectados que nunca, y con ello, más expuestos.
Es crucial comprender que la ciberseguridad no solo protege datos, sino que defiende culturas, economías, identidades y, sobre todo, personas. Y así como nuestras tradiciones y comidas varían de un país a otro, los desafíos en ciberseguridad también tienen matices únicos en nuestra región.

La conexión emocional

Si te pregunto, ¿cuál fue el motivo por el que adquiriste tu smartphone actual? Tal vez pienses en características técnicas, pero, honestamente, una parte de ti también fue influenciada por emociones, ¿verdad? El deseo de pertenecer, de estar actualizado, de sentirte seguro.

En ese mismo sentido, la ciberseguridad también conecta con nuestras emociones. El miedo a ser vulnerado, la confianza al compartir información, la satisfacción al saber que estamos protegidos.

No solo se trata de proteger datos o sistemas, es también sobre cómo nuestras emociones y comportamientos se entrelazan con la tecnología en nuestro día a día. Si has visto alguna vez un mensaje que dice "¡Has ganado un iPhone!" o "Alguien tiene fotos tuyas, haz clic aquí para verlas", sabrás de lo que hablo. Esas son tácticas que apelan a nuestras emociones, nuestra curiosidad, nuestro miedo. Son estrategias de ingeniería social diseñadas para que hagamos clic, y una vez que lo hacemos, caemos en la trampa.

La ingeniería social es una de las principales ciberamenazas y es donde la conexión emocional juega un papel fundamental. Los cibercriminales han entendido que, más allá de los sistemas y firewalls, el ser humano es considerado el eslabón más débil. Somos seres emocionales, actuamos por impulso, por miedo, por alegría, y estas emociones pueden ser explotadas. Imagina que recibes un correo electrónico que parece ser de tu banco y te indica que hubo un movimiento sospechoso en tu cuenta. El miedo te invade, no quieres perder tu dinero, y ese correo tiene un enlace para que "verifiques tu identidad". Sin pensar, haces clic. Y en ese momento, has caído en una trampa.

No solo es importante proteger nuestros dispositivos y redes, sino que también es esencial proteger nuestras emociones y entender cómo estas pueden ser usadas en nuestra contra. La ciberseguridad no solo trata de la tecnología, sino también de entender el comportamiento humano y cómo este interactúa con esa tecnología.

El mundo de la ciberseguridad es apasionante, y es un campo que se encuentra en constante evolución. Las amenazas cambian, los métodos se adaptan, y por eso, los profesionales en este ámbito siempre deben estar en constante aprendizaje. Pero más allá de eso, deben tener una comprensión profunda de las emociones humanas y cómo estas pueden ser utilizadas por actores maliciosos.

Si estás pensando en entrar al mundo de la ciberseguridad o ya te encuentras en él, este es uno de los aspectos más importantes que debes considerar. No basta con ser un experto en sistemas o redes, también debes ser un experto en personas. Debes comprender cómo piensan, cómo sienten, y cómo esas emociones pueden ser explotadas.

Es un camino lleno de aprendizajes, desafíos y, sobre todo, de constante evolución. Pero, al final del día, es un camino que vale la pena recorrer. Porque en la era digital, todos somos vulnerables, pero con la preparación adecuada, también podemos ser invulnerables.

La ciberseguridad como estilo de vida

No, no es una exageración. Al igual que escoges comer saludable o hacer ejercicio, adoptar prácticas seguras en el mundo digital debería ser una parte esencial de tu rutina. Y no solo hablamos de contraseñas complicadas o evitar clics sospechosos (que, por supuesto, son fundamentales), sino también de cómo interactuamos con otros en línea, cómo protegemos nuestra identidad y cómo decidimos qué compartir y qué reservar.

En el mundo actual, todos estamos conectados. Desde nuestros teléfonos móviles hasta los refrigeradores, pasando por las cerraduras inteligentes de nuestras casas. Esta conectividad ofrece muchas comodidades, pero también implica riesgos. De repente, la ciberseguridad no solo es una carrera o una necesidad de negocio, sino también un estilo de vida.

Con la llegada del Internet de las Cosas (IoT, por sus siglas en inglés), cada vez más dispositivos están conectados a la red. Tu reloj puede decirle a tu cafetera que comience a hacer café cuando tu alarma suena en la mañana. Pero si no tomamos las medidas adecuadas, un cibercriminal podría acceder a esa cafetera y, a través de ella, llegar a información personal o incluso tomar control de otros dispositivos en la casa.

Así como el mundo de la tecnología avanza a un ritmo acelerado, las técnicas de los cibercriminales también. Es crucial estar constantemente educándonos sobre las últimas amenazas y cómo protegernos de ellas. Esto no significa que todos debamos ser expertos en ciberseguridad, pero sí tener un conocimiento básico y actualizado.

Responsabilidad Compartida en la Ciberseguridad

Cuando hablamos de ciberseguridad, un aspecto que frecuentemente se pasa por alto es la idea de responsabilidad compartida. Pero ¿qué significa exactamente y por qué es esencial para alguien que se adentra en este campo? Imagina un escenario en el que eres el propietario de una lujosa casa. Sí, puedes tener las cerraduras más resistentes, un sistema de alarma de vanguardia y hasta un perro guardián, pero si dejas la puerta abierta, todos esos mecanismos de seguridad se vuelven irrelevantes. Así mismo la ciberseguridad, no depende exclusivamente de soluciones técnicas avanzadas. También se trata de las acciones y decisiones de las personas que interactúan con esos sistemas. La responsabilidad compartida, en términos sencillos, implica que todos los actores involucrados en un sistema o proceso tienen un papel en su seguridad. En el ámbito digital, esto no sólo se refiere a los expertos en ciberseguridad o a las grandes corporaciones tecnológicas. Cada individuo, ya sea un estudiante, un profesional o incluso alguien sin experiencia técnica, tiene un papel vital.

Así que, ¿cómo puedes, como futuro profesional de la ciberseguridad, inculcar y promover esta mentalidad de responsabilidad compartida?

1. *Educación Continua:*

Asegúrate de estar siempre al día con las últimas tendencias y amenazas. Pero no te quedes con ese conocimiento. Compártelo. Realiza talleres, webinars o incluso charlas informales para educar a otros.

2. *Promover Buenas Prácticas:*

No subestimes el poder de acciones simples, como usar contraseñas fuertes o tener cuidado con los correos electrónicos sospechosos. A veces, lo básico puede ser lo más eficaz.

3. *Comunicación Abierta:*

Fomenta un entorno donde las personas se sientan cómodas compartiendo sus preocupaciones o preguntas relacionadas con la seguridad. Una cultura de "no hay preguntas tontas" puede prevenir muchos incidentes de seguridad.

4.   ***La Humanidad en el Centro:***

Las ciberamenazas, como la ingeniería social, explotan nuestras emociones y comportamientos. Por eso, es crucial comprender que detrás de cada dispositivo, hay un ser humano. Al entender y empatizar con las emociones y necesidades humanas, puedes diseñar sistemas más seguros y resilientes.

Piensa en la responsabilidad compartida no sólo como una estrategia o técnica, sino como una mentalidad. En el mundo interconectado de hoy, la seguridad es tan fuerte como su eslabón más débil. Y al reconocer que cada uno de nosotros es un eslabón con esa cadena, nos empoderamos para fortalecerla, juntos.

La Importancia del Bienestar Digital

La revolución digital ha llevado a una evolución sin precedentes en cómo interactuamos, trabajamos y nos relacionamos. Sin embargo, con este avance colosal, surgen nuevos desafíos y responsabilidades. Aquí es donde el bienestar digital toma protagonismo, y no es meramente un término técnico o una tendencia pasajera, es el pilar fundamental para navegar en el océano digital de manera saludable y segura.

Viviendo entre Pantallas

Estamos constantemente rodeados por pantallas. Desde chequear el teléfono al despertar hasta finalizar nuestro día con una serie en streaming, las pantallas son omnipresentes. Pero, ¿cuánto es demasiado? Definir límites claros y dedicar momentos para desconectarnos es esencial. No se trata solo de reducir el tiempo de pantalla, sino de usarlo de manera significativa. Pregúntate: ¿Estoy consumiendo contenido o simplemente desplazándome de manera automática?

Cada día, estamos expuestos a una inmensidad de datos e información. Esto puede desencadenar un estado de sobrecarga y fatiga digital. Distinguir entre lo que es esencial y lo que es ruido es una habilidad crucial. Aprender a discernir y seleccionar lo que realmente importa enriquecerá nuestra experiencia digital y protegerá nuestra salud mental.

Conexiones Auténticas en un Mundo Virtual

Las redes sociales han revolucionado las dinámicas relacionales. Han traído innumerables ventajas, pero también desafíos. Es fundamental recordar que, más allá de los "likes" y comentarios, están las interacciones humanas genuinas.
Fomenta conversaciones auténticas y construye relaciones significativas tanto en línea como fuera de ella.

Bienestar Digital en la Profesión

Para aquellos jóvenes y profesionales que se sumergen en el mundo de la ciberseguridad y otras áreas digitales, entender y priorizar el bienestar digital es aún más vital. No solo se trata de proteger sistemas y datos, sino también de protegerse a uno mismo. Un equilibrio entre el trabajo y el autocuidado, entre estar en línea y desconectarse, es la clave para una carrera sostenible y exitosa en este entorno vertiginoso.

Al incursionar más profundamente en el mundo digital, entenderás que el bienestar digital no es una opción, es una necesidad. Adoptar estas prácticas y prioridades te permitirá no solo sobrevivir, sino prosperar en la era digital, garantizando una experiencia enriquecedora y saludable en todos los ámbitos de tu vida.

Habilidades para el futuro

Si eres joven y estás considerando la ciberseguridad como tu campo profesional, ¡Felicidades!. No solo estás observando una carrera con gran demanda y oportunidades, sino que también te estás preparando para ser un actor crucial en el mundo del mañana. Y si ya eres un profesional en otro ámbito, entender la ciberseguridad te permitirá navegar con mayor seguridad y confianza en este mundo hiperconectado.

El llamado a la acción

Cada vez que te conectas, tomas decisiones. Algunas pequeñas, como qué foto compartir en Instagram, y otras más significativas, como en qué plataforma almacenar los datos de tu empresa. Cada decisión cuenta. Y aquí es donde entra la esencia de la ciberseguridad: en la conciencia y la responsabilidad. Así que, querido lector, te invito a no ser solo un espectador. Sé parte activa, cuestiona, aprende y defiende. La ciberseguridad no es una tarea exclusiva de los expertos; todos tenemos un papel que desempeñar.

CAPÍTULO 2
El valor de la formación adecuada en Ciberseguridad

000110101   00110   00101 000
00 11011   000101 01001   0101
1 001 00101 0110 11010110000101
00001 0101011   0011   0110001
00 10 0100100 1000010 0100
110   10011   010   110   11010
1   101000   11010   001010   100011
010010   111010   00   11010
110100   1010001 10011 010101100 11
000110101   00110   00101 000
00 11011 000101 01001   0101
1 001 00101 0110 11010110000101
00001 0101011   0011   0110001
00 10 0100100 1000010 0100
110   10011   010   110   11010
1   101000 11010   001010   100011
010010   111010   00   11010
110100 1010001 10011 010101100 11

Frecuentemente, jóvenes apasionados por la tecnología me plantean preguntas sobre cómo adentrarse en el fascinante mundo de la ciberseguridad. Algunas de las consultas más recurrentes son:

¿Cuál es la formación ideal para convertirme en especialista en Ciberseguridad?

¿Es imprescindible tener una Licenciatura en Ciberseguridad para destacar en el área?

¿Qué habilidades y conocimientos necesito para ser un hacker?

¿Es esencial la educación universitaria para ser un referente en ciberseguridad?

¿Cuál es la formación ideal para convertirme en especialista en Ciberseguridad?

La verdad es que no existe una fórmula mágica o camino predeterminado para adentrarse en el mundo de la ciberseguridad. No obstante, es esencial comprender que esta profesión no se trata de avanzar rápidamente, sino de mantener un ritmo sostenido y constante. Al igual que en muchas otras disciplinas, la ciberseguridad demanda dedicación, estudio continuo y adaptabilidad a los cambios.

A lo largo de mi trayectoria, he aprendido que el aprendizaje nunca cesa. Es una evolución constante que nos reta a estar al día con las últimas tendencias, amenazas y soluciones. Mi madre, con su sabiduría y cariño, a menudo me pregunta: "¿Hasta cuándo seguirás estudiando?" Y yo, sonriendo, siempre le respondo: "Mientras siga en activo. El día que deje de aprender, es porque ya he colgado los guantes y me he retirado". La ciberseguridad no es solo una profesión; es una pasión que nos impulsa a crecer, innovar y proteger en un mundo digital en constante evolución.

Les compartiré el camino técnico que yo seguí para formarme como especialista de ciberseguridad, desde Junior hasta Senior, les recuerdo que esto no está escrito en piedra por lo que múltiples profesionales del campo pueden diferir del camino mostrado, al final debes adaptarlo a tus necesidades y el nivel de conocimiento que ya poseas.

Roadmap
Fundamentos de Informática

Antes de sumergirte en el mundo de la ciberseguridad, es esencial que domines los diferentes sistemas operativos, incluidos Windows, Linux, macOS y Android. Esta competencia no sólo implica familiarizarte con las interfaces gráficas (GUI) que muchos usamos día a día, sino también con el uso de la terminal o línea de comandos. A continuación, te presento algunas tareas clave que deberías ser capaz de llevar a cabo:

⚙️ *Instalación y configuración inicial:*
Familiarízate con el proceso de instalación y los pasos iniciales de configuración de cada sistema operativo.

⚙️ *Gestión de usuarios y grupos:*
Aprende a crear, modificar y eliminar usuarios y grupos, así como a asignarles roles y permisos específicos.

⚙️ *Gestión de archivos y directorios:*
Domina las operaciones básicas, como crear, mover, renombrar y eliminar archivos y carpetas.

⚙️ ***Gestión de permisos:***
Comprende cómo funcionan los permisos para archivos y directorios y como configurarlos para garantizar la seguridad.

⚙️ ***Gestión de procesos y servicios:***
Aprende a iniciar, supervisar y detener procesos y servicios en un sistema operativo.

⚙️ ***Mecanismos de autenticación y autorización:***
Familiarízate con las diferentes formas en las que un usuario puede demostrar su identidad y obtener permisos para realizar tareas específicas.

⚙️ ***Conexiones y herramientas de administración remota:***
Aprende las herramientas y protocolos que te permitirán acceder y administrar sistemas de forma remota.

⚙️ ***Protocolos de red y configuración:***
Entiende los protocolos básicos de la red y cómo configurar conexiones de red en diferentes sistemas operativos.

⚙️ ***Mecanismos de backup y recuperación:***
Aprende cómo realizar copias de seguridad de datos y sistemas, y cómo restaurarlos en caso de pérdida o fallo.

⚙️ ***Actualizaciones y parches:***
Familiarízate con el proceso de cómo y cuándo actualizar sistemas y aplicaciones, y la importancia de aplicar parches de seguridad.

 ***Monitoreo y logs:***

Conoce las herramientas y técnicas para monitorear el rendimiento del sistema, así como para revisar y analizar logs, que son registros esenciales para la detección de actividades sospechosas.

Seguridad básica:

Aunque este es un preámbulo a la ciberseguridad, es útil tener una idea de las prácticas básicas de seguridad, como firewalls, antivirus, y software antimalware.

Arquitectura de Computadoras:

Entiende cómo funcionan las computadoras a nivel de hardware y cómo interactúa el software con el mismo.

Redes

Entender las redes es más que configurar un router o asignar una dirección IP. Es sumergirse en el vasto océano de la comunicación digital, donde los datos fluyen, se bifurcan y convergen para conectarnos en este mundo globalizado.

1.   Los Protocolos: Más allá del HTTP

Es fundamental comprender los protocolos de comunicación, pues son las reglas que determinan cómo los datos se mueven en la red. Mientras que muchos pueden estar familiarizados con HTTP (para navegación web) o FTP (para transferencia de archivos), existen muchos otros como SMTP para correo, DHCP para asignación de direcciones IP, y DNS que traduce nombres de dominio en direcciones IP, RDP para gestión remota de servidores Windows y SSH para la administración remota de servidores Linux, entre muchos otros más.

2.   *Modelos de Referencia: OSI y TCP/IP*

Mientras que el modelo OSI es esencial para entender teóricamente cómo funcionan las redes, en la práctica, el modelo TCP/IP es el que rige el mundo de Internet. Conocer la diferencia entre estos dos modelos y cómo se relacionan entre sí es clave para cualquier profesional de Ciberseguridad.

3.   *Tipos de Redes: LAN, WAN, MAN y más*

La topología y escala de una red determina su tipo. Mientras que una LAN (Red de Área Local) puede conectar computadoras en una oficina, una WAN (Red de Área Amplia) puede conectar oficinas en diferentes países. Comprender las características y desafíos de cada tipo es crucial.

4.   *Dispositivos de Red y su Funcionalidad*

No solo routers y switches, sino también hubs, repetidores, bridges, gateways, entre otros. Cada uno de estos dispositivos tiene un papel específico en la red, y comprender su función y cómo interactúan es esencial para cualquier persona que quiera adentrarse seriamente en el mundo de la ciberseguridad.

5.   *Protocolos Inalámbricos: Más allá del Wi-Fi*

En un mundo donde la movilidad es esencial, los protocolos inalámbricos definen cómo se comunican los dispositivos modernos. Es un campo en constante evolución, y estar al tanto es sinónimo de estar preparado. Aprender sobre las distintas tecnologías inalámbricas como el Wi-Fi, Bluetooth, NFC son esenciales, pero también existen otros como Zigbee, utilizado en hogares inteligentes, o LoRa para comunicaciones a larga distancia y bajo consumo de energía.

6.   *Direccionamiento IP y Enrutamiento*

El sistema de dirección IP, tanto IPv4 como el más moderno IPv6, junto con las técnicas de enrutamiento, determina cómo los datos encuentran su camino a través de la vasta red de Internet.

Programación

En la era digital, aprender a programar se ha convertido en una habilidad esencial para muchas profesiones, y la ciberseguridad no es la excepción. No obstante, antes de sumergirnos en la sintaxis específica de un lenguaje, es vital que desarrollemos una comprensión sólida de la lógica de programación.
Esto nos proporcionará una base robusta sobre la cual podemos aprender cualquier lenguaje con más facilidad y eficacia.

La Lógica de Programación: El "Qué" antes del "Cómo"

Antes de aprender a "escribir código", es fundamental comprender "qué" queremos que haga ese código y "por qué". La lógica de programación nos ayuda a diseñar una solución paso a paso para un problema antes de preocuparnos por cómo traducir esa solución a un lenguaje de programación específico.

Componentes básicos de la lógica de programación:

Variables y tipos de datos:
Imagina las variables como contenedores en los que almacenamos información. Cada tipo de dato (como entero, cadena, booleano) determina qué tipo de información puede contener esa variable.

Operadores:
Nos permiten realizar operaciones con nuestras variables, como sumar, restar o comparar.

Estructuras de control

- ***Secuenciales:***
El programa se ejecuta línea por línea.

- ***Condicionales:***
Permiten tomar decisiones. Si se cumple una condición, el programa sigue un camino; si no, sigue otro.

- ***Bucles:***
Permiten repetir acciones. Un bucle puede ejecutarse un número específico de veces o hasta que se cumpla una condición.

- ***Funciones o procedimientos:***
Son bloques de código que realizan una tarea específica. Pueden recibir datos, procesarlos y devolver un resultado.

Una vez que dominas estos conceptos, puedes empezar a diseñar soluciones lógicas para problemas. El pseudocódigo o los diagramas de flujo son herramientas útiles en esta etapa, ya que te permiten visualizar y planificar tus soluciones sin preocuparte por la sintaxis específica de un lenguaje.

Desde la Lógica a la Sintaxis

Con una base sólida en lógica de programación, aprender la sintaxis de un lenguaje se convierte en un proceso más manejable. La sintaxis es simplemente cómo expresamos nuestras soluciones lógicas en un lenguaje que la computadora pueda entender. Es importante recordar que la lógica es universal; la sintaxis cambia de un lenguaje a otro. Una vez que comprendas la lógica, podrás adaptarte a diferentes lenguajes de programación según lo requieran tus proyectos en ciberseguridad.

¿Por qué es esencial para la Ciberseguridad?

Como especialistas en ciberseguridad, a menudo nos encontraremos con la necesidad de personalizar herramientas, escribir scripts para automatizar tareas o incluso desarrollar software específico para pruebas de penetración o análisis forense. Comprender la lógica de programación nos permite:

- Analizar y comprender el código malicioso.

- Desarrollar nuestras propias herramientas y scripts para solucionar problemas específicos.

- Comprender las vulnerabilidades en el software y cómo los atacantes pueden explotarlas.

La ciberseguridad es un campo amplio y multidisciplinario que utiliza una variedad de lenguajes de programación, dependiendo de la tarea o el objetivo específico. A continuación, te presento algunos de los lenguajes de programación más utilizados en ciberseguridad, agrupados según su nivel y naturaleza:

### 1.	*Lenguajes de Alto Nivel:*

- **Python:** Este es, sin duda, uno de los lenguajes más populares en ciberseguridad. Su sintaxis clara y legible, junto con una amplia variedad de bibliotecas y frameworks, lo hace ideal para scripting, automatización, análisis forense, y desarrollo de herramientas de seguridad.

- **Ruby:** Es especialmente conocido en la comunidad de ciberseguridad por ser el lenguaje en el que se escribió Metasploit, uno de los frameworks más populares y poderosos para pruebas de penetración y desarrollo de exploits.

•	**Java:** Utilizado principalmente en aplicaciones web y móviles, entender Java es crucial para evaluar la seguridad de millones de aplicaciones en todo el mundo. Es esencial para analizar vulnerabilidades en aplicaciones basadas en Java.

•	**C#:** Esencial cuando se trabaja con aplicaciones y sistemas basados en Windows. Permite el desarrollo de herramientas y también es útil para entender y analizar malware que ataca plataformas Windows.

## 2.	*Lenguajes de Bajo Nivel:*

•	**Assembly:** Este lenguaje de bajo nivel es esencial para aquellos que se adentran en la investigación de vulnerabilidades y desarrollo de exploits, especialmente cuando se trata de desbordamientos de búfer y técnicas similares. Permite a los profesionales de ciberseguridad comprender exactamente lo que está sucediendo a nivel de hardware.

## 3.	*Lenguajes de Nivel Medio:*

•	**C:** Un lenguaje fundamental que se utiliza en el desarrollo de sistemas operativos y aplicaciones nativas. Conocer C es vital para entender las vulnerabilidades a nivel de sistema y desarrollar exploits.

•	**C++:** Similar a C en muchos aspectos, pero ofrece características orientadas a objetos. Se utiliza en aplicaciones más grandes y complejas, y entenderlo es esencial para analizar y explotar vulnerabilidades en dichas aplicaciones.

4. *Lenguajes de Scripting:*

• **Bash/Shell Scripting:** Estos scripts son fundamentales para la automatización de tareas en sistemas basados en Linux. Saber cómo crear y leer scripts de bash puede ser crucial para la defensa y el análisis en entornos Linux.

• **PowerShell:** Específico de Windows, PowerShell es una herramienta poderosa para la administración y automatización de tareas en entornos Windows. Los atacantes también han utilizado PowerShell para llevar a cabo movimientos laterales y otras tácticas en redes comprometidas.

• **JavaScript:** Aunque es conocido principalmente como un lenguaje para el desarrollo web, es esencial para entender los ataques basados en web, como el cross-site scripting (XSS) y otros vectores de ataque relacionados con el lado del cliente.

• **Perl:** Aunque ha disminuido en popularidad frente a Python, Perl sigue siendo útil para el procesamiento de texto y la automatización de tareas.

5. *Específicos para ciertas tareas:*

• **SQL:** Esencial para entender y prevenir los ataques de inyección SQL. No es un "lenguaje de programación" en el sentido tradicional, pero saber cómo funciona SQL es crucial para la seguridad de las bases de datos.

• **PHP:** Aunque es un lenguaje de alto nivel, lo menciono aquí debido a su uso específico en el desarrollo web. Entender PHP puede ayudar a identificar vulnerabilidades en aplicaciones web basadas en este lenguaje.

La elección del lenguaje de programación en ciberseguridad dependerá en gran medida del área específica de interés. Por ejemplo, un profesional que se centra en la seguridad web podría priorizar JavaScript, SQL y PHP, mientras que alguien interesado en la investigación de malware podría centrarse en C, C++ y Assembly.

Criptografía

Aprender de criptografía es primordial, ya que es la base para la protección de la información. Se trata de un arte y una ciencia que, más allá de ser una mera herramienta técnica, encarna la esencia misma de cómo la sociedad moderna interactúa, se comunica y se protege en el mundo digital. Si retrocedemos en el tiempo, encontramos que la criptografía ha sido la aliada silenciosa de imperios, gobiernos y movimientos revolucionarios. Desde los jeroglíficos egipcios hasta las máquinas Enigma de la Segunda Guerra Mundial, el deseo de comunicarse de forma segura y mantener la información lejos de oídos y ojos no deseados ha sido una constante en la historia humana.

Pero ¿por qué es tan vital para un especialista en ciberseguridad?

•   **Confidencialidad:** La criptografía asegura que solo las partes legítimas tengan acceso a la información. Cuando envías un mensaje cifrado, incluso si un tercero intercepta ese mensaje, no podrá comprenderlo a menos que tenga la clave adecuada.

•   **Integridad:** A través de mecanismos como las funciones hash, la criptografía garantiza que los datos no hayan sido alterados durante su transmisión o almacenamiento.

• **Autenticación:** ¿Cómo saber que la persona o el sistema con el que estás comunicando es realmente quien dice ser? La criptografía proporciona técnicas para validar la identidad de las partes.

• **No repudio:** En transacciones críticas, como las financieras o legales, es vital garantizar que una parte no pueda negar posteriormente haber realizado una acción. La criptografía ofrece mecanismos que aseguran que un acto digital fue auténticamente realizado por una entidad específica.

Si bien es cierto que la criptografía es una disciplina profunda y compleja, con raíces en las matemáticas avanzadas, su entendimiento básico es esencial para cualquier profesional que desee navegar con soltura en el ámbito de la ciberseguridad. Al fin y al cabo, en un mundo en el que nuestros secretos, transacciones y comunicaciones vitales se transmiten en forma de bits y bytes, la criptografía se convierte en ese escudo indispensable que garantiza que todo ello permanezca seguro y privado.

Por lo tanto, para quienes se embarcan en el fascinante viaje de la ciberseguridad, dominar la criptografía no es solo una opción, sino un imperativo. Es entender que, en esta era de interconexiones y vulnerabilidades digitales, proteger la información es salvaguardar la confianza, la privacidad y, en última instancia, la esencia misma de nuestra sociedad digital.

Algunos puntos importantes de aprender:

• **Fundamentos de Criptografía:** Aprende sobre cifrado simétrico y asimétrico, hash y algoritmos.

• **Protocolos de Seguridad:** Estudia SSL/TLS, cifrado de correo electrónico, y otros protocolos seguros.

Fundamentos

Antes de saltar a la práctica, es esencial entender qué es lo que estás protegiendo y por qué. Esto abarca conceptos como la confidencialidad, integridad y disponibilidad (la tríada CIA), que son los pilares básicos de la ciberseguridad.
Algunos otros puntos importantes que debes incluir en tu proceso de aprendizaje son:

• **Tipos de amenazas y ataques:** Entender las diversas amenazas que existen, desde malware hasta phishing, y cómo operan es fundamental. Esto permite no solo reaccionar a los ataques, sino anticiparse a ellos y, mejor aún, prevenirlos.

• **Controles de Ciberseguridad:** Los controles son las medidas implementadas para mitigar el riesgo.

Estos pueden ser:

Controles Físicos: Como cámaras de seguridad o cerraduras de puertas en centros de datos.

Controles Técnicos: Software o hardware que protegen los activos, como firewalls, sistemas de detección de intrusos y cifrado.

Controles Administrativos: Políticas y procedimientos que guían cómo una organización gestiona y responde a su postura de seguridad.

Gestión de Riesgos: No todos los riesgos pueden ser eliminados y no tiene sentido gastar millones protegiendo información que no tiene valor. La gestión de riesgos enseña cómo identificar, evaluar y priorizar amenazas y vulnerabilidades.

Marco Legal y Normativo: En muchos sectores y países, hay leyes y regulaciones que dictan qué medidas de ciberseguridad deben implementarse. Estar al tanto de estas regulaciones es vital para evitar sanciones y garantizar la continuidad de la operación.

Ética: La ciberseguridad no es solo un conjunto de técnicas, sino también un campo donde la ética juega un papel crucial. Es fundamental para un profesional saber distinguir entre lo que puede hacer técnicamente y lo que debe hacer desde una perspectiva moral y legal.

Cloud Computing

La computación en la nube se ha convertido en una parte esencial de la infraestructura tecnológica moderna para empresas de todos los tamaños y sectores. Por ello, para alguien que aspira a ser especialista en ciberseguridad, es vital comprender y dominar los aspectos de seguridad asociados con la nube. Aquí te presento una descripción detallada de por qué es crucial aprender sobre la seguridad en la nube:

Adopción Masiva de la Nube: Las soluciones basadas en la nube, desde SaaS (Software como Servicio) hasta IaaS (Infraestructura como Servicio) y PaaS (Plataforma como Servicio), son ahora estándar en el mundo empresarial. Como resultado, una proporción significativa de los datos y aplicaciones de las empresas se almacenan y se ejecutan en entornos en la nube.

Nuevas Amenazas y Vulnerabilidades: La arquitectura y la naturaleza de la nube introducen vectores de ataque y vulnerabilidades distintos de los sistemas tradicionales. Estos pueden incluir mala configuración de servicios en la nube, fallos en la gestión de identidades y acceso, y riesgos asociados con la multi-tenencia.

☁ **Regulaciones y Cumplimiento:** Muchos sectores tienen regulaciones estrictas sobre cómo se deben almacenar y gestionar los datos. Estas regulaciones a menudo tienen secciones específicas o implicaciones para el almacenamiento de datos en la nube.

☁ **Habilidad Técnica:** La ciberseguridad en la nube requiere una combinación de habilidades tradicionales de seguridad y conocimientos específicos de la nube. Estos pueden abarcar desde la comprensión de los modelos de responsabilidad compartida hasta el dominio de herramientas específicas de seguridad en la nube.

☁ **Modelo de Responsabilidad Compartida:** Los proveedores de servicios en la nube generalmente operan bajo un modelo de responsabilidad compartida. Esto significa que, si bien el proveedor es responsable de la seguridad de la nube, el cliente es responsable de la seguridad en la nube. Los especialistas en ciberseguridad deben entender este matiz y cómo se traduce en prácticas de seguridad efectivas.

☁ **Continua Evolución:** Los servicios en la nube evolucionan rápidamente, con proveedores que introducen constantemente nuevas características y servicios. Mantenerse al día con estas innovaciones y entender sus implicaciones de seguridad es fundamental.

☁ **Centralización del Riesgo:** Dado que la nube puede centralizar el almacenamiento de datos y aplicaciones, una brecha en un entorno en la nube puede tener consecuencias masivas, poniendo en riesgo enormes cantidades de datos y activos.

Contenedores

Aprender sobre contenedores es vital para alguien en formación como especialista en ciberseguridad por varias razones clave:

1. ***Adopción masiva de la tecnología:*** Con el aumento en la popularidad de la metodología de microservicios y la necesidad de ambientes reproducibles, los contenedores, especialmente Docker y Kubernetes, han experimentado una adopción masiva en la industria. Es esencial entender cómo funcionan para proteger eficientemente las aplicaciones y datos que residen en ellos.

2. ***Vector de Ataque Emergente:*** Dado su uso extendido, los contenedores se han convertido en un objetivo tentador para los atacantes. Vulnerabilidades específicas de contenedores, configuraciones incorrectas o permisos excesivos pueden ser explotados.

3. ***Configuraciones Seguras:*** Los contenedores vienen con sus propios conjuntos de configuraciones de seguridad que difieren de las máquinas virtuales tradicionales o los servidores físicos. Es crucial entender estas configuraciones para garantizar que los contenedores estén protegidos adecuadamente.

4. ***Cadena de Suministro de Software:*** La seguridad en la cadena de suministro de software es crucial. Con contenedores, hay un flujo constante de imágenes que se están construyendo y desplegando. Es vital asegurarse de que estas imágenes estén libres de vulnerabilidades y que provengan de fuentes confiables.

5. ***Principio de Privilegio Mínimo:*** Los contenedores deben ejecutarse con el principio de privilegio mínimo para limitar el impacto potencial de un compromiso. Comprender cómo otorgar y limitar estos privilegios es esencial.

6. *Monitorización y Análisis:* Las soluciones tradicionales de monitorización y análisis pueden no ser adecuadas para ambientes basados en contenedores. Conocer las herramientas y técnicas específicas para monitorear contenedores es crucial para detectar y responder a incidentes de seguridad.

7. *Red e Isolación:* Aunque los contenedores pueden parecer máquinas virtuales ligeras, funcionan de manera diferente, especialmente en términos de red e isolación. Entender estos aspectos es crucial para configurar adecuadamente las defensas y reducir el riesgo.

8. *Integración con la Nube:* A menudo, los contenedores se utilizan en combinación con servicios en la nube. Comprender cómo interactúan y se protegen estos servicios en conjunción es esencial para una estrategia de seguridad integral.

¿Es imprescindible tener una Licenciatura en Ciberseguridad para destacar en el área?

Debo ser franco, una licenciatura en ciberseguridad, al menos en el contexto latinoamericano, no garantiza una formación completa en este ámbito. Tras analizar diversos planes de estudio de distintas universidades, he notado una tendencia preocupante. Estas licenciaturas, en su mayoría, se centran en la instrucción del uso de herramientas específicas, descuidando la esencial formación teórica y las bases conceptuales.
He tenido encuentros con estudiantes a punto de finalizar su Licenciatura en Ciberseguridad que, sorprendentemente, desconocen fundamentos básicos como programación o la operación y comunicación con bases de datos. Este enfoque limitado en la enseñanza conduce a una generación de aspirantes a expertos en ciberseguridad que, en realidad, pueden estar menos preparados que aquellos con formación en otras áreas más tradicionales.

¿Qué licenciatura o ingeniería se debe estudiar para ser un verdadero especialista en Ciberseguridad?

Aquí va mi perspectiva, ninguna formación académica por sí sola te otorgará la experticia en ciberseguridad. La verdadera maestría radica en el aprendizaje continuo, la autoformación a través de libros, cursos, eventos especializados y, sin duda, bajo el ala de mentores experimentados en el campo.

Si estás buscando una sólida base académica que pueda servir como cimiento en tu carrera en ciberseguridad, te sugiero optar por programas que aborden temas clave como:

- **Sistemas Operativos**
- **Redes**
- **Programación**
- **Criptografía**
- **Conceptos esenciales de Seguridad o Ciberseguridad**

Por experiencia propia, provengo de la Licenciatura en Ingeniería en Informática, y conozco profesionales provenientes de Ingeniería en Sistemas, Ingeniería Electrónica, e incluso algunos sin título universitario. Aunque este último camino puede ser más arduo y no lo recomendaría como primera opción.

¿Qué habilidades y conocimientos necesito para ser un hacker?

Mi respuesta puede generar cierto revuelo, pero es una perspectiva forjada a través de la experiencia y observación (No me considero un hacker, me considero un infinito aprendiz): ser hacker va mucho más allá de simples cursos y certificaciones.

Es común escuchar historias como: "Completé un curso avanzado de hacking, ahora soy un hacker de élite". Si bien es cierto que la educación formal y las certificaciones aportan, la realidad es que, en muchos casos, estos individuos solo dominan la operación de herramientas ya desarrolladas por otros. En contraposición, un verdadero hacker tiene la habilidad de crear, adaptar e innovar. Un hacker genuino posee conocimientos profundos en computación y es capaz de reinventar o alterar funcionalidades originales de sistemas y herramientas. Pero esto va más allá del mero conocimiento técnico. Ser hacker es adoptar una mentalidad de constante cuestionamiento, curiosidad insaciable y una pasión por descifrar y comprender la esencia de los sistemas. Ser hacker es, en esencia, una vocación y una actitud. Es una forma de vida que se nutre de desafíos, donde cada obstáculo es una oportunidad para aprender y crecer. Si aspiras a serlo, debes estar dispuesto a sumergirte en un viaje de aprendizaje constante, donde cada día descubres que hay más por conocer y dominar.

Entonces, ¿qué habilidades y conocimientos son esenciales? Aquí algunos puntos clave:

•	**Lógica y resolución de problemas:** La habilidad para abordar desafíos desde diferentes ángulos y encontrar soluciones innovadoras.

•	**Persistencia y resiliencia:** No todo será sencillo, y la capacidad para perseverar es esencial.

•	**Ética:** Ser un hacker no significa actuar al margen de la ley. Un verdadero hacker entiende la responsabilidad que conlleva su conocimiento y actúa con integridad.

Así que, si tu deseo es ser un hacker, preocúpate menos por las certificaciones y más por cultivar una mentalidad inquisitiva, adquirir conocimientos profundos y actuar con ética y responsabilidad.

¿Es esencial la educación universitaria para ser un referente en ciberseguridad?

Aunque es cierto que no todos los expertos en ciberseguridad ostentan un título universitario, no se puede negar el valor fundamental de la educación formal. Imagina la universidad como un martillo y cincel: te proporciona las herramientas básicas. Pero la obra maestra – tu futuro y especialización en el ámbito – se esculpe mediante el compromiso continuo con el aprendizaje.

Esta es una palabra que menciono repetidamente: "continuo". Y hay una razón para ello. El camino hacia el reconocimiento en ciberseguridad no se logra únicamente con el conocimiento técnico. La formación constante, las habilidades de comunicación, el establecimiento de relaciones profesionales, la participación en eventos y foros y la contribución a investigaciones son aspectos esenciales. Todo esto te permitirá establecerte como un referente dentro de la industria.

Certificaciones y su impacto en tu desarrollo profesional.

Este es uno de los tópicos que frecuentemente desencadena debates entre especialistas, y, aunque lo que voy a compartir es mi perspectiva, no pretendo presentarlo como la única verdad. Las certificaciones profesionales, sin duda, abren puertas en el ámbito laboral y fortalecen el currículum. No obstante, no son un comprobante irrefutable de dominio o habilidad, ni el boleto mágico a un empleo soñado. El mundo laboral es complejo y son diversas las variables que determinan el éxito de un profesional.

Considera estos factores:

• **Validación de Conocimientos:** Es esencial que tus habilidades y conocimientos puedan ser corroborados por autoridades o figuras reconocidas en el campo de la ciberseguridad. Esto puede ser a través de colegas, superiores, o clientes satisfechos con tu trabajo.

Nota: El halago de un amigo cercano, por muy bien intencionado que sea, no entra en esta categoría.

• **Certificaciones de Prestigio:** Si bien las certificaciones son herramientas valiosas para destacar en el mercado laboral, es fundamental enfocarte en aquellas otorgadas por entidades renombradas como CompTIA, EC-Council, OffSec, SANS, Microsoft, AWS, Google, ISC2, entre otras. Más adelante, te compartiré una lista de certificaciones que, en mi opinión, valen la pena según el nivel de experiencia.

• **Habilidades Blandas:** Varios estudios han concluido que las organizaciones, en muchos casos, priorizan las habilidades no técnicas. Formarse en áreas técnicas es importante, pero cultivar competencias como empatía, comunicación, trabajo en equipo y humildad puede marcar la diferencia en tu trayectoria profesional.

• **Red de Conexiones:** Tener una red robusta de contactos profesionales es invaluable. Las conexiones con personas influyentes o bien posicionadas en la industria pueden traducirse en recomendaciones, asesorías o incluso oportunidades laborales. Así que asistir y participar activamente en eventos, seminarios y conferencias es esencial para expandir y fortalecer tu red.

Certificaciones recomendadas

Junior (Entrada / Principiante):

- *LPIC1-2/Comptia Linux+:* Son certificaciones orientadas a la administración de servidores Linux, que, aunque no específicamente de seguridad, te proporcionará las bases adecuadas en cuanto a Linux.

- *CompTIA Security+:* Esta certificación proporciona una base sólida y es ampliamente reconocida en la industria. Cubre una variedad de temas introductorios en ciberseguridad.

- *CompTIA Network+:* Aunque no es específicamente una certificación de seguridad, ofrece una comprensión fundamental de las redes que es esencial para cualquier profesional de ciberseguridad.

- *Cisco CyberOps Associate:* Proporciona conocimientos básicos sobre infraestructura de red y prácticas de seguridad.

- *eLearnSecurity eJPT (Junior Penetration Tester):* Una certificación introductoria en pruebas de penetración.

- *AZ800 (Windows Server Hybrid Administrator Associate):* Esta certificación de Microsoft se centra en la administración de servidores Windows. Te equipa con una comprensión profunda de las redes empresariales que operan con Windows como sistema operativo principal.

- *Azure Fundamentalas, Google Cloud Fundamentals y AWS Practitioner:* Son certificaciones que te proporcionan las bases necesarias sobre computación en la nube de los 3 principales proveedores más utilizados de nube.

Semi-Senior (Intermedio):

•	*CompTIA CySA+ (Cybersecurity Analyst):* Centrada en el análisis de ciberseguridad y la respuesta a incidentes.

•	*Cisco CCNP Security:* Profundiza en soluciones de seguridad de Cisco y tecnologías avanzadas de red.

•	*(ISC)² SSCP (Systems Security Certified Practitioner):* Adecuado para administradores de sistemas que buscan profundizar en prácticas de seguridad.

•	*OSCP (Offensive Security Certified Professional):* Una certificación práctica muy respetada en pruebas de penetración.

Senior (Avanzado):

•	*CISSP (Certified Information Systems Security Professional):* Ofrecido por (ISC)², es una de las certificaciones más prestigiosas y reconocidas en la industria de la ciberseguridad.

•	*CISM (Certified Information Security Manager):* Ofrecido por ISACA, se centra en la gestión y gobernanza de la seguridad de la información.

•	*CRISC (Certified in Risk and Information Systems Control):* También de ISACA, esta certificación se centra en la gestión de riesgos de TI.

•	*OSCE (Offensive Security Certified Expert):* Una certificación avanzada de pruebas de penetración ofrecida por Offensive Security.

- ***(ISC)² CCSP (Certified Cloud Security Professional):*** Para profesionales de ciberseguridad que trabajan en entornos de nube.

- ***CompTIA CASP+ (Advanced Security Practitioner):*** Certificación avanzada que se centra en soluciones y estrategias de seguridad empresarial.

CAPÍTULO 3
Habilidades blandas en el mundo de la ciberseguridad

000110 0101   0010   00101 000
00 11011 000101 01001   0101
1 001   00101010110   110101100001101
   00001 0101101   0011   0110001
00   10 0100100   1000110 0100
110   10011   010   110   11010
1   101000   11010   00101   10001
010010   110110   00   11010
110100   1010001   10011   01010100 1

000110 0101   0010   00101 000
00 11011 000101 01001   0101
1 001   00101010110   110101100001101
   00001 0101101   0011   0110001
00   10 0100100   1000110 0100
110   10011   010   110   11010
1   101000   11010   00101   10001
010010   110110   00   11010
110100   1010001   10011   01010100 1

Hoy en día, el término "ciberseguridad" evoca imágenes de hackers en capuchas, códigos binarios que se desplazan por pantallas negras y batallas digitales de alto octanaje. Pero lo que a menudo se pasa por alto es la importancia de las habilidades humanas que respaldan esta profesión de ritmo rápido. Bienvenido al mundo de las habilidades blandas en ciberseguridad. En un sector donde la tecnología es la protagonista, puede sorprender descubrir que son estas habilidades menos tangibles las que, a menudo, hacen la diferencia entre un profesional promedio y uno excepcional. Veámoslo de esta manera: puedes ser el mejor cerrajero del mundo, pero si no puedes comunicar por qué una puerta necesita un tipo específico de cerradura, tu habilidad técnica tiene un valor limitado.

Comunicación

La ciberseguridad no es una isla. Trabajas en un ecosistema interconectado, interactuando constantemente con otras partes del negocio. Puedes identificar una vulnerabilidad, pero ¿puedes comunicar su gravedad a la alta dirección? ¿Puedes explicar a los equipos no técnicos qué medidas deben tomar para mitigar el riesgo? La capacidad de traducir temas técnicos complejos en términos claros y comprensibles es invaluable.

Trabajo en equipo

Mientras que el estereotipo del hacker solitario persiste en el mundo de las películas, la realidad de la ciberseguridad es que es un deporte de equipo. Ya sea que estés colaborando en respuesta a incidentes, creando estrategias de defensa o compartiendo inteligencia sobre amenazas, el trabajo conjunto es esencial. Aprender a trabajar bien con otros, a valorar y a aprovechar las fortalezas de cada miembro del equipo, puede hacer o deshacer tu éxito.

Resolución de problemas

La ciberseguridad es esencialmente un rompecabezas en constante cambio. A medida que los adversarios desarrollan nuevas tácticas, debes adaptarte y superar los desafíos. Esta capacidad de pensar de manera creativa, de abordar problemas desde diferentes ángulos y de perseverar a pesar de los obstáculos, es crucial.

Inteligencia emocional

El mundo digital puede parecer frío y despersonalizado, pero las emociones juegan un papel crucial. La capacidad de leer a las personas, de comprender qué motiva a tus colegas, superiores o incluso adversarios, y de gestionar tus propias emociones en situaciones de alta presión, es esencial.

Aprendizaje continuo

La ciberseguridad es un campo que cambia rápidamente. Las amenazas de hoy pueden no ser las amenazas de mañana. Tu disposición para aprender, tu curiosidad innata y tu capacidad para adaptarte son habilidades blandas que te llevarán lejos.

Entonces, ¿por qué estas habilidades son tan cruciales para alguien que se adentra en el mundo de la ciberseguridad? La respuesta es simple: te diferencian. La mayoría de los profesionales pueden aprender a usar una herramienta o a escribir un código. Pero aquellos que combinan estas habilidades técnicas con habilidades blandas sólidas son los que verdaderamente sobresalen, los que pueden liderar equipos, comunicar estrategias y, en última instancia, proteger mejor las infraestructuras.

Para los estudiantes y aspirantes a profesionales, aquí hay un consejo: mientras te sumerges en el aprendizaje técnico, no descuides el desarrollo de tus habilidades blandas.

Participa en talleres, busca oportunidades para presentaciones públicas, trabaja en proyectos de grupo y lo más importante, practica la empatía y el entendimiento en todas tus interacciones.

El viaje hacia la excelencia en ciberseguridad es tanto sobre las personas como sobre la tecnología. Al fusionar tus habilidades blandas con tus competencias técnicas, no solo te conviertes en un especialista en ciberseguridad más completo, sino también en un activo invaluable para cualquier organización.

Por supuesto, el desarrollo de habilidades blandas es un proceso continuo y siempre hay margen de mejora. La autorreflexión, la retroalimentación de colegas y la formación continua son esenciales en este viaje de desarrollo profesional.

CAPÍTULO 4
Construyendo mi red de Contactos

0001100101   0010   001101 000
00 11011   000101   01001   0101
1 001   00101010   11010110000101
00001 0101011   0011   0110001
00 10 0100100   1000110   0100
10   10011   010   110   11010
)   101000   11010   001010   10001
010010   110110   00   11010
110100   1010001   10011   01010100 1

0001100101   0010   001101 000
00 11011   000101   01001   0101
1 001   00101010   11010110000101
00001 0101011   0011   0110001
00 10 0100100   1000110   0100
10   10011   010   110   11010
)   101000   11010   001010   10001
010010   110110   00   11010
110100   1010001   10011   01010100 1

En la era digital en la que vivimos, donde el intercambio de información sucede a la velocidad de la luz, construir y mantener una red de contactos sólida y significativa es esencial para el desarrollo profesional de cualquier individuo. Pero, ¿qué significa realmente construir una red? ¿Y cómo se puede hacer de manera efectiva? Sumérgete conmigo en este capítulo para descubrir cómo una red de contactos puede ser la herramienta más poderosa en tu arsenal profesional.

La importancia de una red de contactos

La primera pregunta que muchos pueden hacer es: "¿Por qué debería preocuparme por construir una red?" La respuesta es simple, pero profunda: en el complejo mundo laboral de hoy, no es solo lo que sabes, sino también a quién conoces.

Una red de contactos sólida puede:

•	Abrir puertas a oportunidades laborales. Muchas veces, las ofertas de trabajo no se publican abiertamente, sino que se llenan a través de referencias y conexiones internas.

•	Facilitar el aprendizaje y la formación profesional. Al conectar con expertos y profesionales en tu campo, puedes acceder a conocimientos, habilidades y perspectivas que no están disponibles en los libros de texto o en línea.

•	Ayudar en momentos de crisis. Si te encuentras en un problema profesional, tener una red a la que acudir para obtener consejo o apoyo puede ser inestimable.

Los primeros pasos para construir tu red

Autoconocimiento
Antes de comenzar a construir tu red, es esencial que te conozcas a ti mismo. Define tus objetivos profesionales, tus áreas de interés y qué es lo que esperas lograr con tu red.

Crear una presencia en línea
Hoy en día, las redes sociales profesionales como LinkedIn son esenciales.Crea un perfil atractivo, claro y profesional.
Asegúrate de destacar tus habilidades, experiencias y logros.

Participar en eventos de la industria
Seminarios, conferencias y talleres son lugares ideales para conocer a otros profesionales en tu campo. No solo aprendes nuevas habilidades y conocimientos, sino que también te presentas y te conectas con personas que pueden ser esenciales para tu desarrollo profesional.

Mantenimiento y crecimiento de tu red

Comunicación constante
No basta con tener una lista de contactos; debes mantener la comunicación. Esto no significa que debas hablar con cada contacto todos los días, pero un mensaje ocasional o compartir un artículo relevante puede mantener la relación activa.

Ofrece antes de recibir
Antes de pedir un favor o una referencia, piensa en cómo puedes ayudar a tus contactos. Esto establece una relación de reciprocidad y confianza.

Expande tu red de forma diversa
No limites tu red a personas de tu industria o área de especialización. Conecta con profesionales de otros campos; nunca sabes cuándo estas conexiones interdisciplinarias pueden ser valiosas.

Redes en la era digital

La tecnología ha revolucionado la forma en que construimos y mantenemos redes.

Las herramientas en línea, como las mencionadas redes sociales profesionales, facilitan la conexión con personas en todo el mundo. Sin embargo, es esencial que recuerdes la importancia de las conexiones humanas reales. Aunque es útil tener cientos o incluso miles de conexiones en línea, las relaciones más profundas y significativas a menudo se forjan en interacciones cara a cara.

Desafíos y trampas en la construcción de redes

La calidad sobre la cantidad

Es fácil caer en la trampa de pensar que cuantos más contactos tengas, mejor. Sin embargo, es preferible tener 50 contactos con los que tengas una relación genuina que 500 contactos que apenas conoces.

La autenticidad es la clave

Construye tu red con sinceridad y autenticidad. No intentes ser alguien que no eres; las personas pueden notar la falsedad.

Evita el enfoque mercantilista

No veas tu red solo como un medio para un fin. Estas son relaciones humanas, y debes valorarlas como tales.

CAPÍTULO 5
Aprende inglés

000110 0101   00110   00101 000
00 11011   000101   01001   0101
1   001   00101 0110   11010110 000101
 00001   010 11011   0011   0110 0011
00   10   0100100   1000110   0100
110   10011   010   110   11010
0   101000   11010   001010   100011
 010010   111011 0   00   11010
110100   1010 0001   10011   01010 1100 11
 000110 0101   00110   00101 000
00 11011   000101   01001   0101
1   001   00101 0110   11010110 000101
 00001   010 11011   0011   0110 0011
00   10   0100100   1000110   0100
110   10011   010   110   11010
0   101000   11010   001010   100011
 010010   111011 0   00   11010
110100   1010 0001   10011   01010 1100 11

En ciberseguridad, hay un lenguaje que supera todos los lenguajes de programación y protocolos de red: el inglés. Aunque la ciberseguridad es una disciplina global, el inglés se ha convertido en su lengua primaria, facilitando la comunicación entre profesionales de diferentes países y culturas.

Importancia del inglés

*   ***Repositorios y documentación:***
La mayoría de las herramientas, frameworks y plataformas de código abierto presentan su documentación primaria en inglés. Aunque puede haber traducciones, a menudo no están tan actualizadas o completas como la versión original.

*   ***Conferencias y seminarios:***
Eventos importantes como DEFCON, Black Hat y otros similares se realizan en inglés. Asistir a estas conferencias y entenderlas es crucial para mantenerse actualizado.

*   ***Foros y comunidades:***
La mayoría de las discusiones en línea, ya sea en Reddit, Stack Overflow o foros especializados, suelen ser en inglés.

*   ***Investigaciones y reportes:***
Cuando surge una nueva vulnerabilidad o técnica de ataque, los primeros informes y soluciones a menudo están en inglés.

Técnicas de aprendizaje efectivas

*   ***Inmersión:*** Rodearte del idioma es la forma más rápida de aprender. Esto puede hacerse viendo series o películas en inglés, escuchando música o podcasts, o incluso cambiando el idioma de tus dispositivos.

- *Aplicaciones y plataformas en línea:*

Herramientas como Duolingo, Babbel o Rosetta Stone ofrecen cursos interactivos de inglés. Es importante dedicar tiempo diariamente.

- *Clases en vivo:*

Ya sea en una institución o a través de plataformas como iTalki o Preply, interactuar con un hablante nativo es invaluable.

- *Intercambio de idiomas:*

Hay comunidades donde los hablantes nativos de inglés buscan aprender otros idiomas. Se pueden organizar sesiones donde ambos enseñan su lengua materna al otro.

- *Lectura:*

Comenzar con libros para niños o adolescentes puede ser una excelente manera de mejorar la comprensión lectora, para luego avanzar hacia literatura técnica más compleja.

Recomendaciones para mejorar tu inglés en el contexto de ciberseguridad

🌐 *Glosarios y diccionarios técnicos:*

Estos te ayudarán a familiarizarte con el vocabulario específico de la industria.

🌐 *Blogs y sitios web:*

Suscríbete a blogs como Krebs on Security, Schneier on Security, entre otros. Además de aprender sobre ciberseguridad, mejorarás tu inglés.

🌐 *Participa en comunidades:*

Unirte a grupos de Telegram, foros o servidores de Discord sobre ciberseguridad te permitirá interactuar en tiempo real con otros entusiastas y profesionales.

Barreras comunes y como superarlas

🔒 *Miedo a cometer errores:*

Es natural cometer errores al aprender un idioma. Es crucial entender que equivocarse es parte del proceso de aprendizaje.

🔒 *No tener a quién hablar:*

Aprovecha las redes sociales y plataformas en línea para conectarte con hablantes nativos o grupos de estudio.

🔒 *Dificultad con el acento o la pronunciación:*

La práctica constante y la escucha activa son esenciales. Herramientas como "YouGlish" pueden ayudarte a mejorar tu pronunciación al mostrarte cómo se pronuncian las palabras en diferentes contextos.

CAPÍTULO 6
Mantente
actualizado o actualizada

000110 0101   00110   00101 000
00 11011   000101   01001   0101
1 001   00101 0110   1101011000 0101
00001 0101 1011   0011   0110 0011
00 10   0100100   1000 0110 0100
110   10011   010   110   11010
0   101000   11010   001010   100011
010010   110110   00   11010
110100   10100001   10011   01010100 11
000110 0101   00110   00101 000
00 11011   000101   01001   0101
1 001   00101 0110   1101011000 0101
00001 0101 1011   0011   0110 0011
00 10   0100100   1000 0110 0100
110   10011   010   110   11010
0   101000   11010   001010   100011
010010   110110   00   11010
110100   10100001   10011   01010100 11

La ciberseguridad es una disciplina en constante cambio. Lo que hoy es una práctica estándar podría ser obsoleto mañana, y las amenazas que enfrentamos se adaptan y evolucionan a una velocidad vertiginosa. ¿Cómo podemos, entonces, mantenernos al día en un mundo tan volátil? En este capítulo, exploraremos la importancia de estar informado y ofreceremos consejos prácticos para asegurarnos de estar siempre un paso por delante en el ámbito de la ciberseguridad.

Entendiendo la Naturaleza Dinámica de la Ciberseguridad

Antes de embarcarnos en el viaje de mantenernos actualizados, es esencial comprender por qué la ciberseguridad es tan dinámica:

- ***Nuevas Tecnologías:***
A medida que emergen nuevas tecnologías, también lo hacen nuevas vulnerabilidades. Considere la revolución del Internet de las Cosas (IoT) o la creciente prevalencia de la inteligencia artificial.

- ***Actores de Amenazas Innovadores:***
Los cibercriminales no están estáticos; están constantemente ideando nuevos métodos de ataque y adaptando técnicas para sortear defensas.

- ***Evolución del Entorno Regulatorio:***
A medida que el ciberespacio se convierte en una parte integral de nuestra sociedad, las regulaciones y leyes también evolucionan para proteger a los usuarios y las infraestructuras.

¿Por qué es Esencial Mantenerse Actualizado?

- **Protección Proactiva:**

Estar informado permite a las organizaciones y profesionales anticipar amenazas en lugar de reaccionar ante ellas.

- **Credibilidad Profesional:**

Los profesionales de la ciberseguridad deben estar al día para ofrecer las mejores prácticas y soluciones a sus organizaciones o clientes.

- **Evolución Profesional:**

El aprendizaje constante abre puertas a nuevas oportunidades, especializaciones y crecimiento en la carrera.

Consejos para Mantenerse al Día con las Últimas Tendencias y Amenazas

Dedica Tiempo Diariamente para la Investigación

Reserva al menos 30 minutos al día para revisar las noticias y actualizaciones en el mundo de la ciberseguridad. Portales como CyberScoop, DarkReading y The Hacker News son excelentes recursos.

Participa en Comunidades

Plataformas como Reddit, foros especializados y grupos de LinkedIn ofrecen un flujo constante de discusiones, debates y compartición de recursos.

Formación Continua

Inscríbete en cursos, asiste a seminarios web y busca certificaciones adicionales.

Red de Contactos

Construir una red sólida con otros profesionales te permite compartir conocimientos, obtener insights y descubrir tendencias emergentes.

Participa en Conferencias

Eventos como Bsides, DojoConf, DefCon, BlackHat y RSA Conference son reuniones esenciales donde expertos de todo el mundo discuten las últimas tendencias, investigaciones y amenazas.

Prueba y Aprende

Establece un laboratorio personal para probar nuevas herramientas, tecnologías y técnicas. Este enfoque práctico solidifica el conocimiento y te mantiene en contacto directo con la tecnología.

Colabora en Proyectos de Código Abierto

Los proyectos open-source a menudo están a la vanguardia de la innovación en ciberseguridad. Contribuir a estos proyectos o simplemente seguir su desarrollo puede ofrecer una visión invaluable.

Suscríbete a Boletines y Alertas

Organismos como el Centro de Integración y Coordinación de Alertas y Advertencias Cibernéticas (CISA) emiten regularmente alertas sobre vulnerabilidades y amenazas emergentes.

Mantener un Enfoque Balanceado

A medida que te esfuerzas por mantenerte al día, es esencial recordar que no todas las tendencias o amenazas serán relevantes para tu situación particular. Es fundamental equilibrar la adquisición de nuevo conocimiento con la aplicación práctica y contextual de ese conocimiento.

Desafíos de Mantenerse Actualizado

•	**Sobrecarga de Información:** El flujo constante de información puede ser abrumador. Aprende a filtrar y priorizar la información que realmente importa.

•	**Cambio Constante:** Las soluciones y tecnologías que aprendiste este año pueden volverse obsoletas al siguiente. Aprende a adaptarte y a ser resiliente ante el cambio.

La ciberseguridad es, sin duda, uno de los campos más dinámicos y desafiantes de la era moderna. Sin embargo, con un compromiso constante con el aprendizaje y la adaptabilidad, puedes asegurarte de estar siempre preparado para enfrentar las amenazas emergentes y ofrecer soluciones innovadoras. Mantente informado, conectado y listo para aprender, y encontrarás que estar al día es más que una tarea: es una aventura en constante evolución.

CAPÍTULO 7
Busca
un mentor

000110010 1   0010   001101000
00 11011 000110 01001   0101
1 001 001010110   11010110000110 1
  00001 0101101   001   0110001 1
00 10 0100100   1000010 0100
110   10011   010   110   11010
)   101000   11010   001010   100011
  010010   110110   00   11010
110100 10100001 10011 01010100 10
  000110010 1   0010   001101000
00 11011 000110 01001   0101
1 001 001010110   11010110000110 1
  00001 0101101   001   0110001 1
00 10 0100100   1000010 0100
110   10011   010   110   11010
)   101000   11010   001010   100011
  010010   110110   00   11010
110100 10100001 10011 01010100 10

En cualquier viaje, tener un mapa y una brújula resulta ser invaluable. En el trayecto de la vida profesional, esa brújula suele ser un mentor. Un mentor no sólo guía, sino que ilumina, inspira y desafía. Pero, ¿por qué es tan crucial tener un mentor? ¿Y cómo encontrar a ese alguien especial que te guíe en tu carrera? En este extenso análisis, navegaremos a través de la esencia de la mentoría, su valor intrínseco y los pasos para encontrar ese guía que tanto necesitas.

¿Qué es un Mentor?

Un mentor es alguien con más experiencia o conocimiento en un campo determinado que está dispuesto y es capaz de compartir ese conocimiento y experiencia con alguien menos experimentado. El objetivo es acelerar y mejorar el crecimiento y desarrollo del mentoreado.

¿Por qué es importante un mentor?

La importancia de un mentor radica en puntos muy importantes como mencionaré a continuación:

- **Atajos Hacia el Aprendizaje:**

Tu mentor ya ha caminado por el camino que tú estás empezando a transitar. Puede ayudarte a evitar obstáculos comunes, ofrecerte atajos y ahorrarte tiempo y energía en tu aprendizaje.

- **Redes de Contacto:**

Un buen mentor suele estar bien conectado en su industria. Esta red puede ser invaluable cuando busques oportunidades laborales, colaboraciones o simplemente cuando necesites consejo experto.

- **Soporte Emocional:**

Nuestro camino profesional no siempre es fácil. En esos momentos difíciles, un mentor puede ofrecer apoyo emocional, siendo alguien que te entiende y puede ofrecer consuelo y perspectiva.

- **Ampliación de Perspectiva:**
Pueden ayudarte a ver el panorama general, desafiarte a pensar de manera diferente y mostrarte nuevas formas de abordar problemas.

- **Retroalimentación Honesta:**
Un mentor se preocupa por tu crecimiento. No dudarán en darte una crítica constructiva cuando sea necesario, algo que es esencial para el desarrollo personal y profesional.

¿Cómo Encontrar a un Mentor Adecuado?

- **Autoevaluación:**
Antes de buscar un mentor, entiende tus propias necesidades y objetivos. Pregúntate a ti mismo, "¿Qué quiero lograr?" y "¿Qué tipo de mentor puede ayudarme a llegar allí?"

- **Participa en Eventos Industriales:**
Seminarios, talleres y conferencias son lugares ideales para conocer posibles mentores. No sólo te presentarás ante líderes de la industria, sino que también demostrarás tu compromiso con tu desarrollo profesional.

- **Redes Sociales Profesionales:**
Plataformas como LinkedIn son esenciales en la búsqueda de mentores. Observa las contribuciones, publicaciones y participaciones de profesionales en tu campo de interés.

- **Grupos y Asociaciones Profesionales:**

Únete a organizaciones profesionales relacionadas con tu campo. Muchas de estas tienen programas de mentoría ya establecidos.

- **Sé Proactivo:**

No esperes a que el mentor perfecto venga a ti. Si admiras a alguien, acércate y expresa tu interés en aprender de él o ella.

- **Establece Relaciones:**

La mentoría es una relación. No busques a alguien sólo por su conocimiento o experiencia. Es fundamental que haya química, confianza y respeto mutuo.

Cultivando la Relación con tu Mentor

- **Comunicación Regular:**

Establece reuniones regulares, ya sean semanales, mensuales o trimestrales. Esto crea un ritmo y asegura que ambos estén comprometidos con el proceso.

- **Sé Abierto y Honesto:**

Comparte tus desafíos, éxitos, fracasos y aspiraciones. La transparencia es crucial para una relación de mentoría exitosa.

- **Sé un Buen Oyente:**

Escucha activamente lo que tu mentor tiene que decir. Aprovecha cada palabra de sabiduría.

- **Acepta la Crítica:**

La retroalimentación no siempre será positiva. Aprende a aceptar y actuar según la crítica constructiva.

CAPÍTULO 8
Entrevistando a referentes de la Industria

0001100101   00110   00101 000

00 11011   000101   01001   0101

1   001   00101010110   11010110000110 1

00001   0101011   0011   0110001 1

00 10   0100100   1000011 0   0100

110   10011   010   110   11010

0   101000   11010   001010   100011

010010   110110   00   11010

110100   10100001   10011   010101100 1

0001100101   00110   00101 000

00 11011   000101   01001   0101

1   001   00101010110   11010110000110 1

00001   0101011   0011   0110001 1

00 10   0100100   1000011 0   0100

110   10011   010   110   11010

0   101000   11010   001010   100011

010010   110110   00   11010

110100   10100001   10011   010101100 1

Iniciar una carrera en ciberseguridad puede ser un desafío, pero hay un tesoro invaluable en las experiencias compartidas por aquellos que ya han dejado su marca en el campo. Sumergirse en sus historias y consejos nos proporciona una visión profunda, ayudándonos a anticipar retos, aprender de desaciertos y hallar caminos más efectivos hacia nuestras metas. En esta sección, las entrevistas buscan ilustrar al lector con experiencias directas de especialistas en la disciplina. A través de estas conversaciones, esperamos que descubras tanto inspiración como orientación, reafirmando que, en ciberseguridad, aprender de otros es tan vital como dominar las habilidades técnicas más avanzadas.

000110 0101   0 0110   001 01 000
00 11011   000 101   01001   0101
1 001   00101 0110   1101 0110 000 1101
00001 0101 1011   0011   0110 0011
00   10 0100 100   10000 110   0100
110   10011   010   110   11010
0   101000   11010   001010   10001 1
010010   110110   00   11010
110100 10100001 10011   01010 1100 11
000110 0101   0 0110   001 01 000
00 11011   000 101   01001   0101
1 001   00101 0110   1101 0110 000 1101
00001 0101 1011   0011   0110 0011
00   10 0100 100   10000 110   0100
110   10011   010   110   11010
0 . 101000   11010   001010   10001 1
010010   110110   00   11010
110100 10100001 10011   01010 1100 11

Vielsa Gómez

Biografía

Apasionada de la tecnología y ferviente creyente en el poder del aprendizaje continuo, mi vida profesional se ha tejido alrededor de la innovación y el desarrollo personal. Como mentora, escritora y conferencista, encuentro mi verdadera vocación en la unión entre la transformación digital y la humanidad.

Mis más de 20 años de experiencia se reflejan no solo en mi expertise, sino en mi compromiso con la enseñanza y la capacitación. Soy una eterna estudiante de la vida, siempre ansiosa por explorar nuevos horizontes en el mundo de la ciberseguridad y más allá. Mi interés no solo radica en la tecnología, sino en como esta puede ser utilizada para mejorar nuestras vidas y comunidades.

Como fundadora de iniciativas que promueven el aprendizaje y la seguridad digital, mi objetivo es siempre fomentar un ambiente de crecimiento y bienestar. En mi rol como educadora y líder, busco inspirar a otros, compartiendo mi conocimiento y experiencia de manera que sea accesible y motivadora para todos.

Autora del libro **"Enfócate: Técnicas y Herramientas para ser más productivo"**, en el cual busco compartir estrategias que ayuden a las personas a alcanzar su máximo potencial. Mi enfoque no solo es enseñar, sino también aprender de cada interacción, cada aula y cada experiencia, ya que mi viaje está marcado por la curiosidad y el entusiasmo por la vida.

Desde el aula hasta el estrado, mi misión es empoderar y educar, siempre con una sonrisa y un corazón abierto a nuevas aventuras y descubrimientos.

Fundadora y CEO de B4A Consulting, Cofundadora de EDUCATEKA y Directora Comercial en B&G Solutions.

Entrevista

A lo largo de tu carrera en ciberseguridad, ¿cuál consideras que ha sido el cambio o avance más significativo en el campo y cómo ha influenciado tu trabajo diario?

Honestamente, basado en mi área de estudio de ciberseguridad, sabemos que es más la parte humana de la ciberseguridad. El cambio más notable lo vi por el 2020. El 2020 hizo que muchas de las organizaciones que no creían en algo que yo venía desde hace años incentivando, que eran las buenas prácticas de la concientización de ciberseguridad, lo vieran como importante y empezaran a aplicarlas dentro de sus organizaciones. Y con esto, mostrar una vez más que la ciberseguridad no es un asunto reactivo, sino que debe ser proactiva y estar inmersa en todas las áreas de la organización. Si esto no se ve de esta manera en los planes de ciberseguridad empresarial, de nada te sirven las herramientas que vayas a implementar. Entonces, uno de los cambios más significativos que he visto en los últimos tres años fue este cambio de mentalidad. Organizaciones tanto grandes como pequeñas, hoy día, le están dando mayor importancia a la concientización. Este cambio me ha impactado de manera significativa, puesto que, desde un principio, cuando estudié ciberseguridad, siempre dije que la parte en la que yo quería especializarme y gestionar más, y llevarla como parte de mis servicios empresariales, es la parte de concientización.

¿Podrías compartir una situación o desafío particularmente difícil al que te hayas enfrentado en tu carrera y qué lecciones aprendiste de ello?

Cuando recién inicié en el mundo de la ciberseguridad, estaba colaborando con un banco. En él, siempre veía que los proyectos se atrasaban y, al analizar el atraso, siempre era la parte de seguridad la causante y era un dolor de cabeza tratar de explicar a la alta gerencia la importancia de incluir la ciberseguridad como parte integral de la gestión de los proyectos y poder integrarla desde las etapas tempranas. Cambiar ese enfoque dentro de esa institución fue algo muy difícil y, lastimosamente, fue posible solo luego de que, en un proyecto llevado a producción a pesar de mis recomendaciones de no hacerlo sin ejecutar y corregir los hallazgos de seguridad, sufrieran una violación. Por suerte, fue una violación interna, y esa situación hizo comprender a la organización la importancia de gestionar los proyectos con un enfoque en la seguridad de la información, no solamente en la etapa de prueba de los proyectos. Para mí, durante muchos años, mientras tuve el sombrero de gerente de proyecto, cambiar ese enfoque fue un dolor de cabeza, no solo en un proyecto. Aquí te estoy presentando un caso particular, pero fue una situación que se repitió en prácticamente casi todos los proyectos, sobre todo en la línea de desarrollo de software e implementación de plataformas.

Fue una batalla, por decirlo así, cambiar el enfoque y también lograr que los equipos entendieran que la ciberseguridad no es solo responsabilidad de un departamento, sino que se debe ver como algo de toda la organización. Se tiene que trabajar en equipo para poder garantizar la seguridad en todos los proyectos.

A menudo se enfatiza la importancia de las habilidades técnicas en ciberseguridad, pero desde tu experiencia, ¿qué habilidades blandas consideras esenciales para tener éxito en este campo y por qué?

Lo primordial a nivel de habilidades en cualquier organización y área es la comunicación, porque es la clave de todas las relaciones. Si no sabemos comunicarnos, no sabemos pedir las cosas, influenciar ni escuchar, genera rupturas, malentendidos y el fracaso en proyectos u organizaciones. Sin embargo, la comunicación por sí sola no basta. También se necesita creatividad, que apoya el pensamiento crítico y el pensamiento divergente, esenciales para encontrar soluciones idóneas a los retos que enfrentamos.

En el mundo de la tecnología, es vital pensar fuera de la caja. A los profesionales de sistemas, a menudo nos limita un pensamiento muy estructurado, lo que puede ser un obstáculo para resolver problemas, especialmente en el área de ciberseguridad. Es fundamental adoptar un pensamiento divergente, buscar y analizar situaciones no comunes.

La empatía también es vital, una habilidad esencial para un buen trabajo en equipo. En el campo tecnológico, donde muchas personas son muy brillantes, a menudo caemos en el ego, lo que nos hace poco empáticos y nos impide trabajar adecuadamente en equipo. Como mencioné anteriormente, la falta de trabajo en equipo puede hacer que los proyectos no se desarrollen correctamente, debido a la falta de flexibilidad y empatía.

Por lo tanto, es esencial dentro de las organizaciones tener buena comunicación, empatía y creatividad. Estas habilidades blandas son de vital importancia para ser relevantes como profesionales.

Las habilidades técnicas son poderosas, nos proporcionan conocimiento y un perfil profesional relevante, pero de nada sirve tener todas las certificaciones del mundo si no sabemos comunicarnos. Es crucial desarrollar la inteligencia emocional, ya que en los proyectos a menudo se presentan discusiones inútiles. En lugar de trabajar en equipo, a veces intentamos imponer nuestra opinión, creyendo que es la correcta, pero sin saber comunicarnos adecuadamente. Si queremos que un proyecto sea exitoso, necesitamos aprender a manejar nuestra inteligencia emocional.

Dado el ritmo acelerado de evolución en la ciberseguridad, ¿cuáles crees que son las principales amenazas o tendencias emergentes a las que deberíamos prestar atención en los próximos años?

Número uno: los APT, las amenazas avanzadas. Es evidente que debemos prestarles mayor atención, ya que desarrollan técnicas y tácticas cada vez más avanzadas. Esto va de la mano con la tendencia de la inteligencia artificial. Anteriormente, se creía que la inteligencia artificial sería prominente para el 2030, pero ya sabemos que no es así. La llegada de la pandemia generó una evolución de diez años, y esto implica que debemos prestar más atención a toda la evolución de la inteligencia artificial. Esta aceleración ha venido sin controles y sin normativas legales que apoyen a las empresas y a los usuarios frente a los peligros de la IA.

Los ataques por medio de la voz, y videos que se hacen pasar por ti, por mí o por cualquier persona, son ejemplos claros. Por lo tanto, estas dos cuestiones son las que considero que requieren más atención y preparación.

Las organizaciones deben prepararse más, ya que esto es una realidad actual, no algo que ocurrirá en el futuro. Como mencioné, no estamos normados ni preparados para esta evolución. Incluso, muchas personas están utilizando estas herramientas en modo de juego, sin ser conscientes del impacto que pueden generar. Así, una pequeña broma destinada a hacer reír a unos pocos puede terminar destruyendo la reputación de otra persona o empresa. Por lo tanto, es importante que las organizaciones estén preparadas para afrontar estos desafíos.

Si pudieras darle un consejo a alguien que está comenzando su carrera en ciberseguridad o está considerando entrar en este campo, ¿cuál sería y por qué?

Lo primero que le diría a una persona que empieza en el mundo de la ciberseguridad es que no se limite solo a lo que aprende en la universidad o en un curso, y que comprenda que no se trata únicamente de acumular habilidades técnicas.

Es crucial entender que la habilidad más potente para un especialista en ciberseguridad está en el entendimiento de las personas. Al fin y al cabo, cuando eres especialista en ciberseguridad, debes ponerte tanto en el lugar de la persona que vas a proteger como en el del posible atacante. Por lo tanto, es importante no quedarse solamente con el conocimiento técnico, sino también adquirir otros conocimientos como la psicología humana, los gestos y las micro expresiones. Es decir, necesitas conocer más sobre cómo se maneja el ser humano y cómo funciona el cerebro para que, cuando debas responder a una situación, tu respuesta sea acorde al individuo.

Todo esto está evidentemente relacionado con el área en la que te quieras especializar, pero ataques como el phishing son un ejemplo de ingeniería social. Aquí, la concientización y el conocimiento del comportamiento humano son clave para aplicar estrategias que reduzcan el riesgo de que tus usuarios sean víctimas de un cibercrimen.

Otro aspecto importante es prepararte a nivel de idiomas. Me hubiera gustado tener un mejor nivel de inglés cuando empecé en este camino. Por ejemplo, todo lo relacionado con la criptografía era en inglés, y creo que lo hubiera aprovechado mucho más si mi nivel de inglés hubiera sido más elevado en aquel momento.

Por lo tanto, es importante que cualquier joven que esté empezando en esta carrera maneje bien el idioma inglés y, si puede aprender otro idioma adicional, también le será de gran ayuda.

**¡Además, es crucial tener la perspectiva
de conocer personas de otros países,
ya que hacer networking es muy positivo!.**

000110 0101   00110   00110 1 000

)0 1101 000101 01001   0101

1 001 00101010 1101011000110 1

0001 0101011   0011   01100011

)0 10 0100100 1000110 0100

)10   10011   010 110   11010

) 101000 11010   001010   100011

010010   110110   00   11010

)10100 1010001 10011   01010110 1

000110 0101   00110   00110 1 000

)0 1101 000101 01001   0101

1 001 00101010 1101011000110 1

0001 0101011   0011   01100011

)0 10 0100100 1000110 0100

)10   10011   010 110   11010

) 101000 11010   001010   100011

010010   110110   00   11010

)10100 1010001 10011   01010110 1

Juan Araya

Biografía

Soy Juan Araya, de Costa Rica, tengo 20 años de experiencia en IT. Durante los últimos 10 años, he liderado equipos de ciberseguridad, principalmente en Cloud Security y Application Security, mis áreas de especialización. Recientemente, he trabajado en DevSecOps, integrando análisis de código, pruebas de penetración, y análisis de aplicaciones, tanto locales como en la nube. Actualmente, vivo en España desde hace cuatro años y trabajo como arquitecto de seguridad. Analizo los diseños de arquitectura de mis compañeros y proporciono retroalimentación desde una perspectiva de seguridad, identificando áreas de mejora para proteger datos, prevenir fugas de información y mitigar ataques, entre otros aspectos.

En cuanto a mi formación, cuento con varias certificaciones en Cloud Security y ciberseguridad, como Comptia Security+, Comptia CASP+, CompTIA CySA+, CompTIA Pentest+. Además, me he especializado en las plataformas de nube AWS y Azure. A nivel académico, poseo un título de bachiller en informática de la Universidad de Costa Rica, y también tengo dos maestrías: una en ciberseguridad y otra en computación con énfasis en telemática.

Entrevista

A lo largo de tu carrera en ciberseguridad: ¿Cuál consideras que ha sido el cambio o avance más significativo en el campo y cómo esto ha influenciado en tu trabajo diario?

En ciberseguridad, la tecnología de la nube ha experimentado cambios significativos y ha tenido un gran impacto.

¿Por qué?

Porque cada vez más empresas optan por la nube para reducir costos y adoptar nuevas tecnologías rápidamente.

Sin embargo, a menudo descuidan la seguridad en su enfoque por hacer que funcione. Esto es lo que me ha llamado la atención.

¿Por qué?

Porque en ocasiones, hay una percepción errónea de que, al utilizar un proveedor de servicios en la nube como Azure o AWS, automáticamente todo será seguro. Esto es completamente falso.

¿Por qué?

Porque existe una matriz de responsabilidades compartidas que no todos comprenden, y esta matriz deja claro que la responsabilidad de los datos, el control de acceso y la implementación de controles de seguridad para proteger los datos recae siempre en el cliente.

Desde mi perspectiva, me interesa mucho el tema de la seguridad en la nube, ya que tiene una gran relevancia en la tendencia actual.

Muchas empresas aún no comprenden cómo utilizar la nube de manera segura, y eso es algo que me motiva. Algunas personas o empresas creen erróneamente que, si utilizan AWS u otra plataforma similar y son víctimas de un ataque, pueden simplemente responsabilizar a AWS o al proveedor de servicios.

Esto es completamente falso. AWS, siguiendo el modelo de responsabilidades compartidas, se encarga de garantizar que los sistemas que has contratado funcionen y cumplan con los acuerdos de nivel de servicio (SLA). Si, por ejemplo, no puedes acceder a la aplicación o los servicios necesarios para que funcione la aplicación, AWS te dirá que ellos proporcionaron el servicio que contrataste correctamente.

Vamos a hablar un poquito sobre los desafíos y lecciones aprendidas a lo largo de tu carrera.

¿Nos podrías compartir una situación o un desafío particularmente difícil al que te hayas enfrentado en tu carrera profesional y qué aprendiste de ello?

El mayor desafío que he enfrentado en mi carrera fue mantener el control sobre mi desarrollo profesional.
Esto se refiere a mi capacidad para equilibrar mi liderazgo en puestos de trabajo en empresas internacionales con mi competencia técnica. En ocasiones, cuando uno se enfoca demasiado en roles de liderazgo, puede descuidar su conocimiento técnico. Por eso, siempre he trabajado en mantener mis habilidades técnicas sólidas.

Esto es crucial porque un líder con una base técnica sólida puede defender mejor a su equipo, proponer proyectos de mayor calidad, sugerir mejoras y comprender mejor las necesidades de su equipo. Este desafío también me permitió cumplir un sueño: trabajar en Europa. En Europa, hay una gran demanda de profesionales con sólidos conocimientos técnicos en seguridad y experiencia en liderazgo.

Para mí, el desafío más interesante ha sido mantenerme actualizado y no convertirme en el típico líder que se enfoca únicamente en el funcionamiento del equipo y en habilidades blandas, dejando de lado su parte técnica.

Tener un nivel técnico sólido permite a un líder defender a su equipo de manera efectiva. Por ejemplo, si surge una queja sobre la velocidad de creación de reglas personalizadas, si uno comprende cómo se crean esas reglas, puede estimar con precisión el tiempo necesario y calcular el personal necesario para cumplir con los acuerdos de nivel de servicio (SLA). Esto ayuda a defender a su equipo al explicar que el tiempo requerido es adecuado y que la tarea solicitada no es sencilla.

En mi caso, uno de mis mayores desafíos fue no descuidar mi formación técnica. A menudo, en las empresas me decían que como ya era gerente, debía dejar atrás la parte técnica, pero yo soy persistente y cuando veo el valor en algo, no me detengo.
Vi que había un gran valor en mantener mis habilidades técnicas mientras lidereaba equipos.

Bien, vamos a hablar un poquito ahora acerca de habilidades y formación dentro de tu experiencia.
A menudo se enfatiza la importancia de las habilidades técnicas, como bien lo mencionas. Pero desde tu experiencia:

¿Qué habilidades blandas consideras esenciales para tener éxito en el campo de la ciberseguridad, incluso en tecnología de información en general? ¿Y por qué consideras que es importante?

En primer lugar, la comunicación es la habilidad más importante. Una persona puede ser técnica y tener un amplio conocimiento, pero si no sabe cómo expresar sus ideas, defender propuestas o sugerir mejoras, puede quedar en un segundo plano y no progresar como debería.

La habilidad de comunicación es esencial para destacar en el trabajo y demostrar que estás listo para roles más avanzados. Esto implica saber hablar y expresarse claramente, así como adaptarse al nivel de conocimiento de tu audiencia. Si tu audiencia es técnica, puedes hablar en detalle técnico, pero si es de alta gerencia, debes explicar cómo los aspectos técnicos afectan la eficiencia y los resultados financieros.

Otra habilidad importante es la escucha activa. No se trata solo de oír, sino de comprender verdaderamente las preocupaciones y necesidades de los demás.
La escucha activa te permite entender los problemas de ciberseguridad desde la perspectiva del cliente y hacer preguntas relevantes que conduzcan a soluciones efectivas.

Finalmente, saber manejar situaciones de estrés es crucial en ciberseguridad. A pesar de ser una profesión gratificante, el estrés puede ser abrumador si te involucras únicamente por el dinero. Debes tener la capacidad de mantener el equilibrio entre el trabajo y la vida personal y manejar la presión cuando una empresa está bajo ataque o cuando debes resolver problemas técnicos complejos.

Estas habilidades blandas, como la comunicación efectiva, la escucha activa y la gestión del estrés, son esenciales en ciberseguridad y te ayudarán a destacar y tener éxito en tu carrera.

Dado el ritmo acelerado de evolución de la ciberseguridad:

¿Cuáles crees que son las principales amenazas o tendencias emergentes a las que deberíamos de prestarle muchísima atención en los próximos años?

Ok, yo diría el uso malicioso de tecnologías que fueron desarrolladas para el bien, en contra de las empresas y las personas.

Ejemplos de tecnologías diseñadas para hacer el bien pero que se pueden utilizar para mal y que son tecnologías emergentes podría ser la inteligencia artificial.
La inteligencia artificial va a permitir, poder tomar mejores decisiones con base al procesamiento de mucha información y poder automatizar tareas, ¿verdad? Eso está muy bien. Sin embargo, el uso malicioso de tecnologías como como las versiones maliciosas de GPT para darte un ejemplo, pueden ser utilizadas precisamente para facilitarle la vida a los atacantes para hacer malware mucho más sofisticado. Malware que está diseñado para que tengan mejor cifrado, que tengan mejor ofuscación, que haga que el proceso de Ingeniería inversa sea mucho más difícil.

Otra cuestión importante para considerar son los ataques automatizados. Cada vez vemos más bots inteligentes en acción. Algunas personas pueden tener soluciones en línea accesibles, pero simplemente las protegen con un Firewall de Aplicaciones Web, por ejemplo, sin pensar en cómo estos bots pueden afectar su seguridad. La tendencia actual es que los atacantes encuentran más efectivo utilizar bots en lugar de atacar manualmente. Por lo tanto, es crucial adoptar un enfoque proactivo en lugar de reactivo.

Esto significa que debemos anticiparnos a posibles ataques y tener soluciones listas para protegernos antes de que ocurran.

Sí pudieras darle un consejo a alguien que está comenzando su carrera en ciberseguridad o está considerando entrar en este campo, ¿Cuál sería ese consejo y por qué?

El consejo que les daría es definitivamente que estudien ciberseguridad si y solo si:

> **Le gusta estar continuamente aprendiendo cosas.**
> **Le gustan los retos complejos.**
> **Le gusta sentirse útil.**
> **Le gusta innovar.**

Si no te sientes cómodo o identificado con alguna de estas condiciones, es recomendable que no te involucres en el campo de la ciberseguridad.

Es decir, hágase un autoanálisis. Porque esas son algunas de las habilidades que se requieren en el área de seguridad. Uno tiene que estar constantemente innovando y aprendiendo nuevas tecnologías.

Cuando uno ya se cree un experto en algo, ya salió una nueva. Una nueva forma de hacer el ataque. Cuando uno ya creyó que ya sabe cómo mitigar un XSS, nace una nueva forma de evadir el control y explotar la vulnerabilidad.

Entonces uno constantemente se va a sentir como el síndrome del impostor, eso es algo muy interesante en el área de ciberseguridad. Entonces si se quiere meter en un área donde siempre va a sentirse como un novato, métase en ciberseguridad. Si su sueño es trabajar en ciberseguridad. ¡Hágalo!.

Aunque no tenga el apoyo de la familia, aunque tenga deudas, aunque tenga miles de obstáculos. Si es realmente lo que quiere. ¡Hágalo!.

¿Qué es lo peor que puede pasar?

Lo peor que puede pasar es que al final digas lo intenté, pero no lo logré.

Aprender idiomas es algo que le va a ayudar muchísimo como valor agregado. No se quede solamente con español. Aunque el español es uno los lenguajes más utilizados a nivel mundial. El inglés le va a abrir muchas puertas.

No limites tu visión al ámbito local, trabajando solo en tu pueblo o continente. Debes pensar a nivel global, ya que los problemas de ciberseguridad son globales. Los ataques que debes mitigar en Panamá son similares a los que enfrentarás aquí en España o en Japón, sin importar dónde te encuentres. Todos tenemos un potencial significativo si este es realmente nuestro interés y lo que deseamos hacer.

**Entonces, si es tu pasión,
¡Adelante! Pero piensa en grande.**

Eduardo Snape

Biografía

Soy una persona que he dedicado gran parte de mi vida, a formarme en temas de tecnología y compartir ese conocimiento con los demás. He sido docente mucho tiempo, no solo en la parte académica, sino también en la parte corporativa. Y en los últimos siete o tal vez ocho años le he dedicado algo de tiempo a la ciberseguridad. Primero, por una necesidad. Desde el punto de vista laboral tuve que adquirir conocimiento en este tema. Luego me gustó y pensé que tendría sentido hacer que varias personas se montaran en un aprendizaje colaborativo y fue asi que creamos la Fundación Comunidad Dojo, la cual tengo el placer de liderear. Nosotros nos dedicamos a formar a las personas en ciberseguridad para que puedan mejorar su calidad de vida.

Entrevista

A lo largo de tu carrera, ¿Cuál consideras que ha sido el cambio o avance más significativo en el campo y cómo ha influenciado en tu trabajo diario?

Esa es una muy buena pregunta y yo lo he pensado varias veces y la conclusión para mí es la cantidad de plataformas de aprendizaje de ciberseguridad que existen en la actualidad.

Cuando yo comencé no era tan fácil acceder a conocimiento en ciberseguridad, pero hoy la información está muy disponible y esto me ha ayudado muchísimo a poder escoger un tema, aprenderlo de forma gratuita o a un costo accesible rápido y poderlo poner en práctica. Y algo que también he visto que ha evolucionado es que ahora la ciberseguridad muchas personas la ven como algo que los va a ayudar a tener movilidad social.

Yo mismo soy un ejemplo. Mi inmersión en la ciberseguridad ha mejorado mis niveles de ingreso, mi calidad de vida y de igual forma trato de que otras personas se inserten en ese beneficio.

Antes la gente que se metía en ciberseguridad era como que muy tech, muy geek, lo hago porque quiero tener este conocimiento y demostrar que puedo hacerlo. Así que yo te lo resumiría en dos cosas:

- Plataformas para aprender disponibles.
- Capacidad de poder usar ciberseguridad para mejorar mi calidad de vida y la gente de que está a mi alrededor.

Hablemos un poquito acerca de los desafíos y lecciones aprendidas dentro de tu carrera.

¿Podrías compartir con nosotros alguna situación o desafío particularmente difícil al que te hayas enfrentado en tu carrera y qué lecciones aprendiste de ello?

Más que un desafío particular, para mí lo más retador fue la transición rápida de técnico a mánager. Empecé a ser gerente muy temprano en mi carrera. A los veintitrés o veinticuatro años, ya tenía equipos a mi cargo que debía gestionar. Y ese cambio, de pasar del enfoque de 'tengo que hacer el trabajo yo mismo' a desarrollar uno de 'necesito que mi equipo haga el trabajo, necesito delegar tareas y dar mentoring', fue considerable. El hecho de desarrollar habilidades interpersonales para poder comunicarme efectivamente en todas direcciones -con mi equipo, mi supervisor, los pares- y aprender a cómo ayudar a mi equipo a crecer sin que yo tuviera que estar haciendo el trabajo, creo que fue lo más retador.

Y lo que sigue siendo un reto es cómo utilizo mi conocimiento técnico para la parte estratégica. Yo creo que combinaría eso. Primero me costó transicionar de una persona que estaba acostumbrada a hacer el trabajo técnico para ser una persona que liderara al equipo y así ayudar a la gente a hacer el trabajo de la manera más adecuada. Y ahora es mantenerme con un enfoque estratégico por la posición que tengo.

Vamos a ver un poquito ahora sobre las habilidades y la parte estratégica de formación. A menudo, siempre se enfatiza la importancia de las habilidades técnicas en ciberseguridad y sabemos que es primordial que un especialista tenga estos conocimientos.

Pero desde tu experiencia, ¿Qué habilidades blandas consideras esenciales para tener éxito en el campo y por qué lo consideras así?

Dentro de todas las habilidades blandas que existen, y hablando desde mi experiencia, lo que realmente me ayuda es, ser capaz de aprender de forma autónoma y adaptarme a los nuevos conocimientos. El campo cambia tanto que lo que aprendiste ayer, o esa certificación que obtuviste y que te costó mucho, puede perder relevancia rápidamente. Por eso, es esencial tener la capacidad de autoaprender y seguir avanzando. En mi opinión, esta habilidad de adaptación y aprendizaje continuo es fundamental. Además, agregaría la habilidad de trabajar en equipo. No es fácil colaborar con otras personas, sacar el mejor potencial de ellas y, al mismo tiempo, controlar tu ego y aceptar que a veces no haces las cosas bien

Cierro con dos cosas que son fundamentales, comunicación efectiva. Muchísimos proyectos no avanzan o muchos emprendimientos no avanzan porque no hay una comunicación efectiva.

No transmito de manera clara, no escucho atentamente, entonces eso también hay que trabajarlo. Y lo último sería el pensamiento crítico, porque los profesionales de ciberseguridad deben ser capaces de analizar situaciones complejas y poder tener una opinión.

En resumen, adaptabilidad y aprendizaje continuo, habilidades de trabajo en equipo, comunicación efectiva y pensamiento crítico, más todo lo demás. Pero yo diría que esas son las cuatro que a mí en lo personal me han ayudado.

Dado el ritmo acelerado de la evolución en ciberseguridad,

¿Cuáles crees que son las principales amenazas o tendencias emergentes a las que deberíamos estar prestando realmente atención en los próximos años?

Esa es una excelente pregunta y la respuesta a mí me da miedo. Mira, a lo primero que yo le tengo temor es a los ciberataques a la parte industrial, Scada y los ICS (Sistemas de Control Industrial). Porque el impacto que pueden hacer en la población es enorme.

Un cibercrimen hecho contra una planta de tratamiento de agua o hacia una empresa de refrescos donde envenenen los refrescos o el agua, va a tener un daño enorme en la población y no voy a seguir dando ideas. Y otra cosa que me preocupa Omar, nosotros una de las cosas que decimos en ciberseguridad es cifra tu información. Porque la posibilidad que tu data sea filtrada es muy alta, aunque tengas controles. Pero ahora está la tecnología cuántica y es posible que con estas grandes capacidades de procesamiento puedan romper esos algoritmos existentes que hay en cuestión de minutos. Entonces, cifrar ya no va a ser suficiente. Entonces, resumiendo para mí, las dos cosas que me preocupan es los ciberataques orientados a la parte industrial y el desarrollo que está haciendo la computación cuántica, que se use de forma incorrecta por parte de los cibercriminales.

Si pudieras darle un consejo a alguien que está comenzando su carrera en ciberseguridad o está considerando entrar al campo, ¿Cuál sería ese consejo y por qué?

Mira, esta es una pregunta que me hacen con mucha frecuencia y el discurso lo he cambiado en el tiempo. Ahora que tengo más madurez en la parte de ciberseguridad y el coaching y mentoring. Yo diría lo siguiente:

Explora la ciberseguridad como una alternativa profesional. Puede ser que no te guste, pero explórala. Digamos que lograste explorarla y te gustó. Dedica todo el tiempo que puedas a convertirte en la mejor versión de ti, lo mejor que tú puedas. Dispuesto a sacrificarte, a levantarte temprano a trabajar largas horas y convierte esto en tu pasión. Una vez tú haces eso, tú vas a ser lo suficientemente bueno para que tu nivel de ingresos sea elevado. Y una vez que estás montado en ese nivel de ingreso, compleméntalo con formación financiera para que puedas convertir ese ingreso alto que hiciste, en prosperidad a largo plazo para ti y para tu familia.

Fíjate Omar, he combinado dos cosas, métele duro a esto y vuélvete bueno, porque esto te va a dar dinero. Inmediatamente aprende cómo usar ese dinero de forma efectiva para que realmente tenga un impacto en tu vida.

Esos que te dicen, haz lo que es tu pasión primero. Yo no estoy de acuerdo con eso. Yo creo que lo mejor es que tú debes hacer algo en lo que tú eres realmente bueno. O sea, yo me di cuenta de que soy bueno en ciberseguridad porque puedo escribir scripts, me gusta el pentesting, etcétera. Le dedico tiempo a hacer lo mejor que yo pueda. Y cuando yo soy el mejor, yo voy a empezar a ganar muy bien en empresas locales o internacionales. Pero una vez que estoy ganando el dinero, ¿qué pasa usualmente?

La persona hace mal uso de ese dinero. Empieza a gastarlo a lo loco, básicamente, y sigue en el círculo de la pobreza, a unque la persona gana mucho dinero, sigue siendo pobre, pero si tú logras usar ese dinero que tienes, eficientemente, tú vas a lograr independencia financiera.

Entonces, mi mensaje es:
Estudia, hazte bueno, haz plata
y úsala sabiamente.

Hécber Cordova
Cloud Security Senior Director
RBC

Gracias, Omar. Un placer de verdad estar aquí y que estemos en este momento conversando sobre ese punto. Mi historia. Yo creo que, cuando yo estaba estudiando, en Venezuela, en la Universidad Central, en computación, había un punto en el cual yo no estaba muy seguro que rama en computación quería ir. Y llegó un momento en el cual hubo un profesor que fue básicamente un mentor para mí e influenció mucho mi vida hacia el lado de seguridad. Estamos hablando finales de los 90, este profesor básicamente venía ya de estudiar sistemas operativos, redes y comunicaciones y tenía un conocimiento muy avanzado de esos temas.

Yo recuerdo cuando él llegó a hablar de uno de los primeros ataques o gusanos que existían, el gusano de Morrison, él daba ejemplos de cómo eso había existido y con él llegué a explorar por primera vez lo que era un buffer over flow y entendiendo lo que eso significaba y yo creo que eso me llamó muchísimo la atención. Mi mentor Era una persona que sabía exactamente cómo TCP/IP funcionaba, y para mí eso era clave, tú no podías hablar de seguridad en redes si tú no sabías cómo funcionaban los protocolos. Entonces, de ahí continuando, ya empecé a trabajar. Y, sinceramente, cuando empecé a trabajar, en algunos casos llegué a hacer funciones de administrador de sistemas y con un poco de responsabilidad en el área de seguridad. Y después, en un momento, me fui a una empresa, donde cumplí la función de líder del equipo de seguridad en proyectos. Y lo interesante es que la empresa fue muy abierta al principio, cuando estaba creciendo, me permitieron aportar ideas a los productos, y a los procesos de despliegue.

Y eso me ayudó muchísimo a evolucionar en el área de seguridad durante muchos años. Sin embargo, yo siempre pienso que cualquier persona que sabe de seguridad tiene que aprender muy bien un dominio.

Por eso viene otra vez lo que mencionaba el mentor.

Yo siempre me consideré que debía saber de redes de comunicaciones, sistemas operativos, automatización. Y eso me llevó también a cumplir funciones de líder de tecnología con algún componente de seguridad. Entonces, al final, durante mi carrera yo estuve moviéndome muchísimo entre ser la persona que lideraba el área de tecnología o ser la persona que lidereaba el área de seguridad. Entonces, ya con el tiempo, ahora estoy trabajando en un banco en Canadá, en el RBC, y estoy como senior director de seguridad en Cloud.

Entrevista

A lo largo de tu carrera en ciberseguridad, ¿Cuál consideras que ha sido el cambio o avance más significativo en el campo y cómo esto ha influenciado en tu trabajo diario?

Es muy interesante. Yo creo que uno de los cambios más importan-tesque yo he visto en seguridad en los últimos años ha sido la adopción de este concepto, que para mí es un concepto más cultural que se llama DevOps, siento que antes de que esto existiera, seguridad estaba muy basado en plataformas, estaba basado en el firewall, en cómo protegemos la comunicación de las redes.
Y cuando empezó a surgir ese movimiento rápido de DevOps, donde existía una integración, entre los desarrolladores y

operaciones, tratando de reducir los tiempos de entrega, seguridad se vio estancada y decidió moverse con ese nuevo cambio cultural, creando lo que hoy pudiéramos considerar DevSecOps, que para mí no es más nada que integrar desarrollo con operaciones y seguridad, de tal manera de que trabajen en conjunto, utilizando las mismas herramientas. Así que ya tú puedes ver personas en seguridad que están automatizando su proceso, utilizando exactamente las mismas herramientas que utilizan los desarrolladores y operaciones, creando su código y utilizando sistemas de control versiones.

Normalmente va a ser git, pero lo que van a estar utilizando y haciendo también despliegue de todos estos diferentes componentes de seguridad de forma automatizada e integrando muchísimo de los controles también dentro de esa CI CD o ese pipeline que es utilizado para desplegar los diferentes controles.

Yo creo que ese cambio de mentalidad y lo que llamaríamos un left shift mindset es lo que para mí ha sido un cambio importante que yo creo que empezó probablemente a partir del 2010 - 2012, pero se ha visto más fuerte en los últimos cinco u ocho años, podríamos decir. Para mí, ese ha sido el cambio más importante. Antes éramos vistos como los que aseguran un sistema operativo y los que tienen el firewall.

Ahora vamos a hablar un poquito acerca de los desafíos y las llanas emprendidas a través de tu carrera.

¿Podrías compartirnos alguna situación o desafío particularmente difícil al que te hayas enfrentado en tu carrera y qué lecciones aprendiste de ello?

Yo creo que uno de los desafíos más interesantes fue cuando en algún momento sentí que, cuando estaba avanzando en el área de liderazgo, sentía que se está creando una brecha importante entre cómo se está moviendo la tecnología y dónde me encontraba en ese momento.

Yo creo que ese fue un desafío gigante y fue en el momento en el cual yo decidí desconectarme de donde estaba como líder y decidí reencontrarme con tecnología. Eso para mí fue un reto porque significó volver otra vez a estudiar, entender, y fue en ese momento donde decidí hacer el cambio a Cloud. Antes venía de empezar a hacer ciertas automatizaciones, etcétera, pero ya dentro de esa área de liderazgo no podía ejercer ninguna de esas funciones. Me costaba terminar de entender cómo todos estos nuevos cambios y paradigmas estaban apoyando y la única manera de hacerlo para mí era adentrarme y entender cómo funcionaba. Así que decidí desvincularme a la posición de liderazgo, ponerme cien por ciento con algo completamente nuevo como Cloud. Y eso significó estudiar muchísimo, practicar muchísimo, empezar desde cero, incluso como consultor, muy de cero en lo que eso significaba e ir creciendo dentro de la posición.

Me ha recompensado muchísimo, porque siento que el cambio funcionó, pero fue un reto súper importante, porque ya después de tener una posición de liderazgo, en un momento decir oye, no quiero continuar con esto, quiero retroceder y avanzar un poco. Déjame rebobinar, yo no lo llamaría retroceder, yo le diría avanzar en otra dirección o moverme en otra dirección. Entonces, eso es interesante porque yo creo que muchas personas pueden estar pasando por eso hoy, que están de repente haciendo una función y no se encuentran con lo que están haciendo. Y yo creo que eso es lo que significa que tú no tienes que continuar haciendo eso de por vida. Si tú encuentras otra área en la cual tú te sientes que tú quisieras más bien avanzar a ella, tú no tienes que abandonar esta ahora, pero empieza a estudiar, empieza a progresar en algún momento, en verdad para desvincularte completamente y ejercer 100% la nueva, sí, seguramente vas a tener que tomar decisiones fuertes, pero se puede.

A menudo se enfatiza mucho la importancia de las habilidades técnicas en ciberseguridad, porque como bien lo sabemos, sabemos que ese tipo de habilidades son súper necesarias.

Pero desde tu experiencia, ¿Qué habilidades blandas consideras esenciales para tener éxito en el campo de ciberseguridad y por qué crees que es así?

Primero es tener empatía, entender y en verdad ponerse a su posición y entender por qué están tomando las decisiones. Eso no significa que vas a estar de acuerdo con ellos, pero significa que tienes que entender por qué ellos están haciendo las cosas de la manera en la cual las han venido haciendo. Y segundo, es capacidad de influenciar. Lo que significa es entender muy bien cuál es el problema y entender muy bien cómo esa solución ayuda a solventar ese problema e influenciarlos a por qué ellos tienen que adoptar esa solución. Yo creo que eso es clave, porque si nada más vamos con el punto de que existe un problema y esta es la solución y lo dejamos ahí, la solución puede ser que nunca se implemente.

Entonces, es importante venderlo, y yo he visto eso en muchos casos, porque la mejor manera en la cual yo he visto que desarrolladores o administradores de sistemas terminan adoptando ese security mindset es ayudándolos a entender cuáles son las amenazas en verdad que estamos intentando enfrentar, cómo se pueden manifestar, porque a veces las amenazas se ven tan lejanas que dicen es imposible que se manifieste.

Es ayudarlos a que confíen en ti, por eso otra vez la empatía es importante, pero influenciarlos a hacer el cambio es sumamente importante, por qué esta amenaza puede ser importante, cómo se puede manifestar, cómo la podemos contrarrestar, cuál es la mejor manera de mitigarla y trabajar con ellos en esa mitigación.

¿Cuáles crees que son las principales amenazas o tendencias emergentes a la que deberíamos prestar mucha atención en los próximos años?

Es interesante. Yo creo que hay dos áreas en particular, dos tendencias. Lo que pasa es que una ya suena un poco fastidiosa, que es todo lo que es inteligencia artificial y generative AI. Yo creo que hoy día estamos viendo todo lo que pueda aportar, pero creo que, desde el punto de vista de seguridad, eso puede también implementar una serie de amenazas desde el punto de vista de fuga de información, que pudiera tener la empresa al no lograr entender todos esos servicios. Y también creo que la IA puede apoyar muchísimo en seguridad en general. Yo creo que se han visto muchísimas tendencias de cómo te puede ayudar a generar código seguro o incluso cuando se detecta una potencia de vulnerabilidad o en alguna parte del código, ya se ven productos que te pueden generar recomendaciones que tú puedes aplicar inmediatamente. Y por qué no, automatizar todo este proceso dentro de tu proceso de despliegue. Yo creo que por ahí viene muchísimo, eliminar esa fricción y hacerlo muchísimo más rápido.

La segunda área es la IA, pero relacionado con toda la parte automotriz. Últimamente estamos viendo muchísimos más vehículos que son eléctricos, lo cual está superbién. Sin embargo, la mayoría de ellos están adaptando los mismos procesos que Tesla, y eso significa que ya el carro es completamente electrónico.

Un carro como Tesla, que muchas de sus funcionalidades dependen de que tú puedas hacer un switch on en las funcionalidades, eso significa que el carro puede hacer algo más.

Pero desde el punto de vista del atacante, si tú pudieras corromper ese software, pudieras encontrar nuevos vectores de atacar y pudiéramos encontrar ya crímenes que pudieran ocurrir de esa manera, si de la misma manera como hoy día, con acceso físico al vehículo, tú puedes inyectar o desbloquear alguna de estas funcionalidades accediendo directamente al procesador, imagínate que pudieras hacerlo de forma remota.

Y si bien eso puede haber pasado con Tesla, imagínate ahora todos estos seguidores que están ahora implementando cada vez más carros eléctricos y cuando implementan carros eléctricos, no es solamente ahora quiero una función eléctrica en mi vehículo, quiero que también por software tenga piloto automático, y no quiero caminar hasta el carro, sino que venga hasta mí.

Y cuando todos lo quieran hacer, vamos a encontrar una serie de nuevas amenazas y van a tener que surgir nuevas regulaciones y empezar a crecer un campo de seguridad en esas áreas. Entonces, yo creo que esas son dos tendencias que estoy viendo, una muy pegada a otra.

Sí pudieras darle un consejo a alguien que está comenzando su carrera en ciberseguridad o está considerando de entrar en este campo, ¿cuál sería ese consejo y por qué lo consideras importante?

Mi primer consejo sería que esa persona pudiera explotar la experiencia que tiene en un área en particular. Si esa persona ya es un gran desarrollador, si esa persona ya es un experto en análisis de datos, yo lo primero que le diría es que, si él quiere explorar seguridad, lo explore dentro de la misma área que ya esa persona conoce.

Le va a ser mucho más fácil el salto a seguridad. Además, es que al final yo pienso que cualquier persona que diga que es experto en seguridad tiene que ser experto en algún dominio. Entonces, eso sería lo primero que yo diría.

Lo segundo es empezar a buscar información, tratar de incluirse en esos foros de discusión relacionados a esos temas y ser activo.

Tres, dentro de lo posible, busca un mentor, una persona que te sirva de guía.

Hubert Demercado
Consultor de Ciberseguridad Senior

Biografía

Nací en Bocas del Toro.

Te puedo contar que desde que estuve en el colegio, siempre me llamaron la atención las computadoras. Por ahí, cuando empecé, como en quinto año del colegio, toqué mi primera computadora con un programa muy viejo, eso me va a revelar mi edad, y te permitía hacer como la vectorización de matemáticas y gráficas, y dibujar con las computadoras. Obviamente, juegos y similares. Pero realmente, cuando me comencé a interesar por la seguridad fue cuando por primera vez vi la película esta, que creo que la mayoría de las personas de mi generación, no voy a decir cuál, vio la versión original de la película "hackers" donde cambiaban los semáforos a verde y similares para mí eso era... Primero, eso debe ser películas. Luego comencé a ver temas viejos como IRC. Había una comunidad... No había tanta documentación como hoy en día. Esto era mucho aprender de manera empírica y conversando con la gente en los canales y en lo que sé, y me topé con una comunidad de argentinos que hacían temas de hacking en su momento, primordialmente a temas de telefonía, también viejo, dial-up. Pero tenían la capacidad de, similar a lo que era este gran hacker que falleció recientemente, Kevin Mitnick, ver cuáles eran las vulnerabilidades dentro de estas plataformas. Eso me llamó la atención, no solamente la intrusión, sino es cómo me defendía contra estas cosas. Y de ahí empezó todo, leer un montón de libros desde el bajo nivel, y yo tenía claro que luego quería estudiar seguridad. Ya cuando entré a la universidad entre a Ingeniería de Sistemas en la Universidad Tecnológica. De ahí hice como el que quiere tener conocimiento de todo. Yo me metí como a quiero aprender de programación. Me metí a aprender programación. Luego que dije, ya en programación me siento bastante bueno. Decidí aprender sobre redes y servidores y tenía que ver con que una vez me tocó programar y yo tenía que hacer un software de conexión del tipo como sockets, conexión a nivel de red y resulta que yo me di cuenta de que no sabía nada de redes, o sea, sabía programar, pero no tenía mucha noción de lo que era redes.

Sabía cómo conectarme a un servidor y a servidores similares, pero no a configurar equipos y similares.

Así que me enfoqué a aprender redes y aprender servidores. ¿Y por qué te cuento eso? Porque yo creo que gran parte de lo que me ha funcionado en mi carrera es tener bases generales, bastante académicas y fuertes de los conceptos.

Yo de manera indirecta aprendí que antes de correr uno gatea. Como decir, tener la base fuerte y de ahí acelerar mi carrera. Como ya tenía tantas bases esenciales, ya todo lo veía como mucho más fácil. Pero yo creo que, si yo no hubiera hecho eso de probar conceptos desde la base y me hubiera saltado, hoy en día estaría posiblemente mucho más atrás.

Me recuerdas al meme justamente, que es un chico que está subiendo las escaleras, que en la cima dice especialista en ciberseguridad y abajo aparece Junior, y están todos los escalafones, conceptos, redes, programación, criptografía, y el chico va saltando y va a llegar al final y dice ahora soy experto en seguridad.

Sí, ese meme es completamente cierto. Yo creo que si uno, por ejemplo, se salta eso, luego cuando estás en cierta fase de tu vida lo vas a extrañar, porque vas a tener que volverlo a estudiar, pero con menos tiempo. Una vez que uno salta de la parte académica a la parte profesional y familia, uno tiene menos tiempo. Así que uno intenta aprovechar ese momento en el que está en academia aprendiendo y formándose. O sea, tener como esa base puntual. Ahí fue, me gradué de la tecnológica, de ahí me surgió la oportunidad de estudiar criptografía en Corea del Sur y también estudié una especialización en California. Eso me permitió, en cierta forma, ver un escenario distinto, un avance muy distinto a lo que uno ve localmente."

Y lo que le mencionan a uno es cierto de que cuando uno sale es una experiencia distinta, cambia tu forma de ver la vida. Yo en ese momento hacía un montón de cosas, ya sabía, por ejemplo, implementar sistemas en línea, fortalecelos y similares una vez que salí de la universidad. Sin embargo, cuando llegué a esta experiencia, por ejemplo, en California, yo me encontré con un chico de Corea del Sur, casualmente, que era un profesor.

Tenía en ese momento, creo que, como 26 años, este chico, pero estaba ya estudiando un doctorado y lo que quería hacer, este chico trabajaba en su momento en los sistemas operativos solaris, lo que este chico quería hacer era construir aplicaciones que aprovecharan su procesador que él mismo había desarrollado. Este chico con 26 años ya habia desarrollado un procesador y está en un doctorado intentando aprovecharlo, y es como un call wake up, ¿Yo qué estoy haciendo con mi vida?, y eso que tenía un montón de certificaciones y todo el asunto. Pero tú te das cuenta de que hay niveles, ¿no? Y eso en vez de tirarte para atrás te pones como, hay una línea distinta a la que yo puedo aspirar estar.

Después de ahí regresé y estuve con Eduardo en el tema de Comunidad DOJO, intentando avanzar la comunidad y me mantengo investigando temas de seguridad. Doy clases en la Universidad Tecnológica, sigo estudiando certificaciones y una de las cosas que yo siempre le digo a todo el mundo es que cuando uno se monta en este carrito o en este tren, uno nunca deja de aprender.

Entrevista

En ciberseguridad, ¿cuál consideras que ha sido el cambio o avance más significativo en el campo y cómo esto ha influenciado en tu trabajo diario?

Te cuento, donde yo más impulso vi que, realmente hubieron elementos para diversificar la seguridad, fue en:

•Primer elemento: La introducción de básicamente el Internet.
•Segundo elemento: Los smartphones
•Tercer elemento: La introducción de la nube.

O sea, esos tres elementos para mí fueron lo que impulsaron un cambio radical. Y recientemente machine learning e inteligencia artificial, que es como el gran nuevo reto.

Ya me imagino a los chicos cuando estén leyendo y digan, Espera, ¿el señor estaba antes de que existiera el Internet? Sí. Cuando comencé a trabajar en esto, estábamos en las primeras etapas de Internet. Esto también tiene sus ventajas. Uno se da cuenta de las deficiencias iniciales que existían cuando Internet estaba en construcción. Se trata de volver a las bases. Muchos de los ataques sofisticados que vemos en la actualidad provienen de personas que comprenden cómo se creó Internet y atacan en la base, debajo de la superficie. Esto hace que las capas superiores de seguridad no funcionen, ya que han comprometido la base misma de todo el sistema.

Me gustaría que pudieras compartir con nosotros una situación o desafío, algo que ha sido realmente difícil en tu carrera, al cual te hayas enfrentado y ¿qué cosas aprendiste de ello?.

Tengo varios, voy a empezar por uno. Fue la primera vez que me enfrenté a un grupo de amenazas avanzadas. Este grupo era bastante bueno.

Cuando te cuento que veía tipo de técnicas como las que te cuentan en películas.
De mantenerse oculto, el de utilizar mensajes codificados y el de jugar como al gato y al ratón. Y en que ninguno de tus dispositivos o los que tienes a disposición son capaces de detectar a esta gente moviéndose. Mucho antes de que existiera el MITTRE y estas cosas, que decían estas son las tácticas, eso fue uno de los momentos más complicados posiblemente de mi carrera, era el de, Estás en un escenario tipo CSI.

En el que sabes que tu adversario es bueno y que la línea de protección eres tú. Es el clásico mensaje de "llame a su administrador de red y el administrador eres tú".

Así que esa fue como la situación más complicada a la que sobreviví. Por eso estoy en seguridad todavía, así que te lo puedo contar. Pero llegó momentos de no dormir, mucho aprendizaje de leer bastante y desarrollar estrategias. Eso me enseñó también, a establecer redes de contacto, porque a través de networking pude conocer a mucha gente hábil en Forense y respuesta incidente. Por eso es importante tener siempre un mentor o un buen networking de gente con mucho más talento que uno.

¿Qué habilidades blandas consideras tú que son realmente importantes o esenciales para tener éxito en el campo de ciberseguridad? ¿Y por qué crees que esas son las importantes?

A ver, eso se la puedo contar de primera mano. Yo, al inicio de mi carrera, era de las personas que no les gustaba redactar mucho, porque para mí lo divertido era comprometer un sistema o andar desarrollando un exploit, o defendiendo un sistema y haciendo configuraciones. Me di cuenta de que el no saber escribir, redactar un correo, saberse comunicar formalmente, lo metía a uno en problemas. No me permitía hablar con personal que no era de tecnología, por ejemplo, y poder expresarlo de manera sencilla. ¿Entonces, qué habilidades blandas aprendí que me faltaban y me tocaron desarrollar bastante? Era aprender a hablar, poder presentar de manera escrita y oral. Eso era como el 101, empezando por ahí. Una habilidad blanda que la gente no le presta mucha atención es el de caer bien, buen rapport, no ser pedante y crear alianzas. Y las alianzas son las de sumar gente que trabaje de la mano con uno. Así que esos son temas que uno intenta masterizar. Ciertamente, aunque no sea psicólogo, intentar entender cómo opera la dinámica humana, porque te va a permitir hacer más, mucho más y menos resistencia. Así que, si te pudiera decir, hablar, saber escribir, como habilidad blanda. Y el otro es de aprender. Y no sé si esto va a ser considerado como blanda, y es a cómo a planificarte, o sea, gestionar tu propio tiempo. Básicamente eso.

¿Cuáles crees que son las principales amenazas o tendencias emergentes a las cuales deberíamos de prestarle muchísima atención en los próximos años, principalmente para aquellos que nos encontramos en esta línea de la ciberseguridad defensiva?

La incursión de machine learning, el famoso chat GPT, similares, va a ser un poco más difícil la vida para los defensores. Anteriormente yo notaba que a un atacante le tomaba a veces una semana en desarrollar una prueba de concepto de una vulnerabilidad que había salido. Ahora he visto vulnerabilidades complejas que los atacantes en dos horas o cuatro horas ya tienen una prueba de concepto efectiva. Así que si uno se estaba tomando un café mientras salió la vulnerabilidad y mañana, podría estar listo. Entonces, ¿qué quiere decir esto? Que, si ya uno está viendo que la industria está comenzando a automatizar para hacer ataques y hacer esto un mercado bastante peligroso para uno de lado de defensa va a tocar reaprender. O sea, antes yo me preparaba para hacer una certificación para ser el mejor administrador de firewall que me va a demorar un año y medio, yo estoy en problemas.

En lugar de intentar aprender algo específico, uno comienza a aprender por categoría. Es como que estuviera viendo un MITTRE, y para los que no están relacionados con MITTRE, como las técnicas, tácticas y procedimientos. Entonces, ahora lo que lo fuerzan a uno es aprender básicamente de la misma forma. Yo no soy necesariamente demasiado específico. Si me preguntan si tengo que aprender machine learning, yo le diría que sí. Entonces, aparte de su formación, va a ser por lo menos saber los algoritmos básicos de machine learning y tengo que entender lo que van a estar utilizando contra mí.

Mucha gente que está desarrollando hoy en día malware ya está haciendo uso de machine learning y ahora hay mucha agilidad, y hay cursos de cómo desarrollar malware utilizando métodos ágiles. Entonces, si el tipo está haciendo métodos ágiles para desarrollar malware, y yo estoy del otro lado que no puedo ni siquiera parchar un servidor, estoy en problemas, o sea, yo estoy perdiendo esa carrera.

¿Y qué te diría? Tendencia de inteligencia artificial, obviamente, sí. Otra tendencia que incluso en las universidades no se está dando tanto es el tema de cómo proteges la criptomoneda y ese va a ser un vector. Así que apuntarse por ahí va a ser importante para la carrera de un individuo.

El tema de seguridad ofensiva está teniendo un cambio, estamos pasando del pentest regular a red teaming y similares. Yo no enfocaría tanto el de únicamente dedicarse a ser RedTeamer, si no a aprender todo el tema de seguridad ofensiva, que va más allá únicamente los ejercicios de hacer RedTeamer. Y déjame explicarte ese concepto para que no quede a mala interpretación.

Un ejercicio de Red Team no es solamente tomarse un directorio activo en Microsoft o similares. Los RedTeamers Son profesionales de primera línea que saben hacer ingeniería reversa de código, saben cómo esconderse y no solamente corren herramientas. Va a llegar un punto en que la inteligencia artificial va a ser capaz de correr las herramientas. Entonces, lo que le toca a un RedTeamer es estar por encima de la herramienta. En el momento en el que uno pueda sustituir el talento humano por la herramienta, el empresario va a hacer esto, porque le sale más económico hacerlo de esta forma.

Para todas esas personas que quieren iniciarse o que ya arrancaron, pero no saben por dónde iniciar, ¿Qué consejo le darías a estas personas?

Es una buena pregunta. A ver, yo si tuviera que dar el mejor consejo a la gente que está iniciando en ciberseguridad, es que se tomen su tiempo, o sea que disfruten esto. Esto se puede disfrutar es como tomarse un buen vino, que comienza a tomarlo lento, la seguridad se disfruta. Hay un trending en el que dice, en esta carrera se gana bien, no les miento, sí se puede llegar a ganar bien, pero uno tiene que hacer como si estuviera volando un avión y acumular 10,000 horas de vuelo.

El mejor consejo que le puedo dar es conviértanse en un profesional de clase mundial. O sea, su meta no es ser un profesional que opera únicamente en Panamá. Su meta es un profesional que puede operar en Estados Unidos, Europa, cualquier país de la región y similar. Y cuando uno se proyecta a hacer eso, uno tiene un crecimiento, exponencial. Y se va a dar cuenta que la única forma es dominando el tema y ser considerados como unos expertos en la materia. Un experto en la materia no es que yo voy, por ejemplo, a Google y dice, esto fue lo primero que encontré en Google, lo puse, lo ejecuté y ya. Es un Geek. Yo hago un experimento con gente y le digo mira, si tú quieres saber qué tan bueno eres, te voy a poner un reto. Y el reto es el siguiente. Tú agarra un sistema y no le consultes a Google y haz lo tuyo. En ese momento ya sabes, ya ha llegado un nivel de maestría y no solamente consumo Google. Y no es que uno no pueda usar Google o ChatGPT, sino que uno quiere tener ciertas habilidades que están en uno mismo y utilizar esto como instrumentos.

Porque las herramientas van a ir cambiando, tú como individuo vas a tener la potencialidad de utilizar mejor esa herramienta. Así que gran parte es tomarlo con calma. Tienes que conseguir también un mentor. Algo que te permite crecer dos o tres veces más rápido, es conseguir un mentor. Al menos que sea como Eduardo, un buen amigo de nosotros, el es una excepción, yo lo admiro mucho por eso. Él va y busca a la gente y le dice tú puedes ser especialista de seguridad. Pero la mayoría de los especialistas van a decir, yo necesito que la persona que quiera aprender demuestre que tiene suficiente interés para dedicarle tiempo, porque igual que los que están aprendiendo, y Omar lo puede ver también, como es aprendizaje constante, hay tiempo en que uno le tiene que dedicar para el auto aprendizaje, aunque uno aprenda un montón enseñándole a las otras personas, tiene que haber cierto grado de interés, pero un interés real.

Yo siempre hablo con mis estudiantes y con gente que me toque entrenar, cuando uno vincula su carrera solamente con el ingreso económico, uno tiene un problema potencial, porque el ingreso económico se convierte en una droga. Cuando el organismo se acostumbra, dice ya estoy acostumbrado y lo veo normal. Y ese es un elemento. El otro punto que te iba a comentar sobre esto es lo que te decía de la preparación. Hoy en día la industria está pidiendo mucho lo que se llama Manos. Entonces, uno, si está en su inicio de carrera, debería aspirar a ser un técnico competente al inicio.

Algo que te voy a mencionar, que creo que Eduardo no me perdonaría si no lo mencionamos, es el tema de masterizar en inglés, invertir tiempo en masterizar el inglés es una de las mejores inversiones que va a poder tener en su carrera.

Conclusiones

A medida que cerramos las páginas de "Cyberboost", es inevitable reflexionar sobre el amplio espectro de la ciberseguridad que hemos recorrido juntos. Desde los fundamentos técnicos hasta la esencia emocional, desde la construcción de redes de contactos hasta la invaluable relación con un mentor, hemos explorado todos los rincones de esta fascinante disciplina.

La ciberseguridad, como hemos aprendido, es un mundo en constante evolución. No solo es una carrera, sino un compromiso con la protección de la información, la privacidad y, en última instancia, las vidas de las personas en nuestro mundo interconectado. Es una amalgama de ciencia, arte y humanidad. Es técnica y emocional. Es desafiante y gratificante.

Espero que este libro haya servido no solo como una herramienta educativa sino también como una fuente de inspiración. Que haya iluminado las áreas oscuras que te preocupaban, fortalecido tus habilidades y sobre todo, encendido una chispa de pasión por la ciberseguridad.

Pero, si hay una lección que deseo que te lleves, es esta:
La ciberseguridad no es un destino, sino un viaje, un viaje que requiere aprendizaje constante, adaptación y un compromiso inquebrantable con la excelencia y la integridad.

Tu viaje apenas comienza. "Cyberboost" puede haber proporcionado un mapa, pero el territorio está ahí afuera, esperando ser explorado, comprendido y protegido por profesionales dedicados como tú.

Finalmente, quiero que recuerdes que, en este mundo digital, todos somos custodios de la seguridad. A medida que avanzas en tu carrera, lleva contigo el conocimiento, pero también la comprensión y la empatía. La técnica te abrirá puertas, pero serán tus habilidades blandas y tu integridad las que te establezcan como un verdadero líder en el campo.

Gracias por permitirme ser parte de tu viaje en la ciberseguridad. Mientras cierras este libro, te animo a abrir tu mente a las infinitas posibilidades que te esperan. Que "Cyberboost" sea el trampolín que impulse tu carrera y te inspire a marcar una diferencia en este mundo digital.

Hasta la próxima, en el ciberespacio.

Este libro se terminó de imprimir
en Panamá, Panamá.
En el mes de Febrero de 2024.

www.ingramcontent.com/pod-product-compliance
Lightning Source LLC
Chambersburg PA
CBHW051247150726
48001CB00019B/1660